O PROPÓSITO DA
TRANQUILIDADE

OUTRAS OBRAS DE JOEL OSTEEN

A MENTALIDADE DA ABUNDÂNCIA

ALL THINGS ARE WORKING FOR YOUR GOOD

Daily Readings from All Things Are Working for Your Good

BLESSED IN THE DARKNESS

Blessed in the Darkness Journal Blessed in the Darkness Study Guide

BREAK OUT!

*Break Out! Journal
Daily Readings from Break Out!*

ESVAZIE A NEGATIVIDADE

EU DECLARO

I Declare Personal Application Guide

EVERY DAY A FRIDAY

*Every Day a Friday Journal
Daily Readings from Every Day a Friday*

FRESH START

Fresh Start Study Guide

NEXT LEVEL THINKING

*Next Level Thinking Journal
Next Level Thinking Study Guide
Daily Readings from Next Level Thinking*

THE POWER OF FAVOR

The Power of Favor Study Guide

THE POWER OF I AM

*The Power of I Am Journal
The Power of I Am Study Guide
Daily Readings from The Power of I Am*

THINK BETTER, LIVE BETTER

*Think Better, Live Better Journal Think Better, Live Better Study Guide
Daily Readings from Think Better, Live Better*

TWO WORDS THAT WILL CHANGE YOUR LIFE TODAY

COM VICTORIA OSTEEN

*Our Best Life Together
Wake Up to Hope Devotional*

SUA VIDA MELHOR AGORA

*Your Best Life Begins Each Morning Your Best Life Now for Moms
Your Best Life Now Journal
Your Best Life Now Study Guide Daily Readings from Your Best Life Now
Scriptures and Meditations for Your Best Life Now
Starting Your Best Life Now*

YOU CAN, YOU WILL

*You Can, You Will Journal
Daily Readings from You Can, You Will*

O PROPÓSITO DA
TRANQUILIDADE

Como Manter a Paz
em Todas as Estações

Joel Osteen

ALTA BOOKS
GRUPO EDITORIAL
Rio de Janeiro, 2023

O Propósito da Tranquilidade

Copyright © 2023 da Starlin Alta Editora e Consultoria Eireli.
ISBN: 978-65-5520-587-9

Translated from original Peaceful on Purpose. Copyright © 2021 by Joel Osteen. ISBN 978-1-4555-3439-5. This translation is published and sold by permission of FaithWords is a division of Hachette Book Group, Inc, the owner of all rights to publish and sell the same. PORTUGUESE language edition published by Starlin Alta Editora e Consultoria Eireli, Copyright © 2023 by Starlin Alta Editora e Consultoria Eireli.

Impresso no Brasil — 1ª Edição, 2023 — Edição revisada conforme o Acordo Ortográfico da Língua Portuguesa de 2009.

Todos os direitos estão reservados e protegidos por Lei. Nenhuma parte deste livro, sem autorização prévia por escrito da editora, poderá ser reproduzida ou transmitida. A violação dos Direitos Autorais é crime estabelecido na Lei nº 9.610/98 e com punição de acordo com o artigo 184 do Código Penal.

A editora não se responsabiliza pelo conteúdo da obra, formulada exclusivamente pelo(s) autor(es).

Marcas Registradas: Todos os termos mencionados e reconhecidos como Marca Registrada e/ou Comercial são de responsabilidade de seus proprietários. A editora informa não estar associada a nenhum produto e/ou fornecedor apresentado no livro.

Erratas e arquivos de apoio: No site da editora relatamos, com a devida correção, qualquer erro encontrado em nossos livros, bem como disponibilizamos arquivos de apoio se aplicáveis à obra em questão.
Acesse o site **www.altabooks.com.br** e procure pelo título do livro desejado para ter acesso às erratas, aos arquivos de apoio e/ou a outros conteúdos aplicáveis à obra.

Suporte Técnico: A obra é comercializada na forma em que está, sem direito a suporte técnico ou orientação pessoal/exclusiva ao leitor.

A editora não se responsabiliza pela manutenção, atualização e idioma dos sites referidos pelos autores nesta obra.

Dados Internacionais de Catalogação na Publicação (CIP) de acordo com ISBD

O85p   Osteen, Joel
O propósito da tranquilidade: como manter a paz em todas as estações / Joel Osteen ; traduzido por Vic Vieira. - Rio de Janeiro : Alta Books, 2023.
128 p. ; 16cm x 23cm.

Tradução de: Peaceful on Purpose
ISBN: 978-65-5520-587-9

1. Autoajuda. 2. Paz. 2. Tranquilidade. I. Vieira, Vic. II. Título.

2023-2561
CDD 158.1
CDU 159.947

Elaborado por Vagner Rodolfo da Silva - CRB-8/9410

Índice para catálogo sistemático:
1. Autoajuda 158.1
2. Autoajuda 159.947

Produção Editorial
Grupo Editorial Alta Books

Diretor Editorial
Anderson Vieira
anderson.vieira@altabooks.com.br

Editor
José Ruggeri
j.ruggeri@altabooks.com.br

Gerência Comercial
Claudio Lima
claudio@altabooks.com.br

Gerência Marketing
Andréa Guatiello
andrea@altabooks.com.br

Coordenação Comercial
Thiago Biaggi

Coordenação de Eventos
Viviane Paiva
comercial@altabooks.com.br

Coordenação ADM/Finc.
Solange Souza

Coordenação Logística
Waldir Rodrigues

Direitos Autorais
Raquel Porto
rights@altabooks.com.br

Gestão de Pessoas
Jairo Araújo

Assistente Editorial
Mariana Portugal

Produtores Editoriais
Illysabelle Trajano
Maria de Lourdes Borges
Paulo Gomes
Thales Silva
Thiê Alves

Equipe Comercial
Adenir Gomes
Andrea Riccelli
Ana Claudia Lima
Daiana Costa
Everson Sete
Kaique Luiz
Luana Santos
Maira Conceição
Natasha Sales
Pablo Frazão

Equipe Editorial
Ana Clara Tambasco
Andreza Moraes
Arthur Candreva
Beatriz de Assis
Beatriz Frohe

Betânia Santos
Brenda Rodrigues
Caroline David
Erick Brandão
Elton Manhães
Fernanda Teixeira
Gabriela Paiva
Henrique Waldez
Karolayne Alves
Kelry Oliveira
Lorrahn Candido
Luana Maura
Marcelli Ferreira
Matheus Mello
Milena Soares
Patricia Silvestre
Viviane Corrêa
Yasmin Sayonara

Marketing Editorial
Amanda Mucci
Guilherme Nunes
Livia Carvalho
Thiago Brito

Atuaram na edição desta obra:

Tradução
Vic Vieira

Copidesque
Matheus Araujo

Revisão Gramatical
Hellen Suzuki
Rafael Surgek

Diagramação
Joyce Matos

Editora afiliada à:

ALTA BOOKS
GRUPO EDITORIAL

Rua Viúva Cláudio, 291 – Bairro Industrial do Jacaré
CEP: 20.970-031 – Rio de Janeiro (RJ)
Tels.: (21) 3278-8069 / 3278-8419
www.altabooks.com.br — altabooks@altabooks.com.br
Ouvidoria: ouvidoria@altabooks.com.br

SUMÁRIO

Agradecimentos . . . . *vii*

CAPÍTULO UM

Está Tudo Bem. 1

CAPÍTULO DOIS

Proteja Sua Paz 19

CAPÍTULO TRÊS

O Guardião da Sua Alma 35

CAPÍTULO QUATRO

Em Paz Consigo Mesmo 51

CAPÍTULO CINCO

Deus Cuidará Disso 67

CAPÍTULO SEIS

Isso Já Está Preparado 83

Questões para Discussão em Grupo 99

Queremos ouvi-lo! *105*

AGRADECIMENTOS

Neste livro, apresento muitas histórias compartilhadas comigo por amigos, membros de nossa congregação e pessoas que conheci ao redor do mundo. Reconheço essas contribuições e lhes agradeço por elas e pelo apoio. Não conheci pessoalmente algumas das pessoas mencionadas no livro e, em alguns casos, os nomes foram trocados para proteger a privacidade dos indivíduos. Dou honrarias a todos aqueles que as merecem. Como pastor e filho de um líder religioso, escutei incontáveis sermões e apresentações, então em alguns casos não consigo me lembrar da fonte exata de uma história.

Estou em dívida com a maravilhosa equipe da Lakewood Church, os incríveis membros da Lakewood que compartilham suas histórias comigo, e aqueles ao redor do mundo que apoiam generosamente nosso ministério e fazem com que seja possível trazer a esperança a um mundo necessitado. Sou grato a todos aqueles que acompanham nossos cultos na televisão, na internet, na rádio SiriusXM e por meio de podcasts. Todos vocês são parte da família Lakewood.

Agradeço especialmente a todos os pastores ao redor do país que são membros da Champions Network, nossa "Rede de Campeões".

viii   *Agradecimentos*

Mais uma vez, sou grato por uma equipe maravilhosa de profissionais que me ajudou a criar este livro para você. Liderando-os, está Daisy Hutton, minha editora da FaithWords/Hachette, junto com Patsy Jones, Billy Clark e Karin Mathis, membros da equipe. Valorizo muito as contribuições editoriais do mestre das palavras Lance Wubbels.

Também sou grato a Jan Miller Rich e a Shannon Marven, minhas agentes literárias na Dupree Miller & Associates.

Por último, mas não menos importante, agradeço à minha esposa, Victoria, e aos nossos filhos, Jonathan e Alexandra, que são a minha fonte de inspiração diária, assim como nossos parentes próximos, que servem como líderes do dia a dia em nosso ministério, incluindo minha mãe, Dodie; meu irmão Paul e sua esposa, Jennifer; minha irmã Lisa e seu marido, Kevin; e meu cunhado Don e sua esposa, Jackelyn.

CAPÍTULO UM

Está Tudo Bem

É fácil viver preocupado com o futuro, frustrado porque um sonho está demorando muito para se realizar, chateado porque alguém lhe fez mal. Mas em vez de reclamar da dificuldade, em vez de ficar chateado porque os planos não deram certo, em vez de perder a serenidade e viver frustrado, você precisa se lembrar desta simples frase: *Está tudo bem*. Deus ainda está no trono. Ele está guiando os seus passos e não teria permitido que isso acontecesse se Ele não tivesse um propósito. Quando se sentir tentado a desanimar, continue se lembrando de que está tudo bem. "Eu perdi meu maior cliente, mas não estou estressado. Sei que algo melhor está a caminho. Está tudo bem." "Fui trapaceado em um acordo empresarial, mas não tem problema. Deus é meu juiz, então está tudo bem." "Orei por quem eu amo, mas a pessoa não resistiu. Não estou amargurado porque sei que a pessoa está no céu em júbilo e livre da dor. Está tudo bem." Quando você tem essa mentalidade de que "está

O Propósito da Tranquilidade

tudo bem", há calmaria, paz de espírito; isso alivia a pressão. Você não vive em uma montanha-russa, pois sabe que está tudo bem no topo da montanha e está tudo bem nos vales. Está tudo bem quando o negócio é próspero, e está tudo bem quando não dá muito retorno. Sua cabeça está feita. Você sabe que Deus é maior do que qualquer coisa que esteja enfrentando. Enquanto houver fé, todas as forças da escuridão não podem impedi-lo.

Foi isso que os três jovens hebreus fizeram no livro de Daniel. Sadraque, Mesaque e Abede-Nego não se curvaram à imagem de ouro do rei. Quando estavam prestes a ser arremessados na fornalha, eles poderiam ter reclamado: "Deus, isso não é justo. Servimos o Senhor e veja o que aconteceu." Em vez disso, eles disseram ao rei: "Não iremos nos curvar. Sabemos que nosso Deus nos libertará, mas mesmo que Ele não o faça, ainda assim não nos curvaremos." Eles diziam: "Está tudo bem se as coisas acontecerem para o nosso bem, e está tudo bem se não acontecerem. Está tudo bem se nossas orações forem respondidas, e está tudo bem se não forem." O rei ordenou que eles fossem jogados na fornalha ardente, e isso deveria tê-los matado instantaneamente. Mas, quando o rei olhou para a fornalha, disse: "Não jogamos três homens amarrados no fogo? Eu vejo quatro homens andando, desamarrados e ilesos, e um deles se parece com o Filho de Deus." Quando você tem essa mentalidade de que

> *Quando você tem essa postura de que "está tudo bem", o Criador do Universo fará com que aconteçam coisas que nunca teriam acontecido apenas graças à sua ação.*

Está Tudo Bem

"está tudo bem", o Criador do Universo fará com que aconteçam coisas que nunca teriam acontecido apenas graças à sua ação.

Do mesmo modo que esses adolescentes, você pode estar em uma situação da qual não enxerga saída. Pode estar preocupado, desanimado e frustrado. Você precisa começar a declarar que "está tudo bem". "Meu casamento está passando por momentos difíceis, mas não vivo chateado. Está tudo bem." "Estou lidando com esse vício e não estou onde achei que estaria na vida, mas não estou desanimado. Deus continua trabalhando em mim, não sou um produto finalizado. Está tudo bem." "Nunca pensei que estaria enfrentando essa doença, ou essa falência, ou esse divórcio, mas posso lhe dizer que está tudo bem? Não estou preocupado. Não estou chateado. Sei que Deus está no controle."

Talvez você ainda esteja solteiro e achasse que teria encontrado seu parceiro a essa altura. Deixe-me reforçar que está tudo bem. Deus tem a pessoa certa à sua espera. Ela está no seu futuro. Não é tarde demais. Entre em um acordo com Deus. Não siga a vida pensando que isso nunca acontecerá: tenha a mentalidade de que *está tudo bem*. Seu filho pode ter feito algumas escolhas ruins. Preocupar-se não ajudará e perder o sono não mudará o acontecido. Mantenha a ideia de que *está tudo bem* ao longo do dia. Você ouvirá aquela voz dizer: "E se ele não mudar?" Responda de volta: "Está tudo bem." "E se não funcionar?" "Está tudo bem." "E se ele se meter em mais problemas?" "Está tudo bem."

Substitua os pensamentos de preocupação com *está tudo bem*. O resultado do exame médico pode não ter sido bom. Seria fácil deixar estas palavras negativas tocarem repetidas vezes: *Você não vai conseguir. Aprenda a viver com isso.* Não. Desligue esse áudio e grave outra coisa por cima: *Está tudo bem. Ele preencherá o número dos meus dias. Nada pode me tirar das mãos de Deus.* Você pode estar em uma batalha jurídica e isso não lhe agrada, não é justo, mas você diz: "Está tudo bem. O inimigo cairá na armadilha que armou para mim." Quando meditar a respeito disso, estará dizendo "Deus, eu confio no Senhor. O Senhor é maior que esse obstáculo e pode transformar qualquer situação".

É Apenas uma Erva Daninha

O interessante é que os jovens hebreus estavam fazendo a coisa certa quando a coisa errada aconteceu com eles. Estar na vontade perfeita de Deus não significa que você não terá dificuldades. Não se pode alcançar seu destino sem oposição, situações injustas e pessoas fazendo o mal. Quando as coisas vão contra você, é fácil pensar: *Não está tudo bem, olhe para essas dificuldades.* Mas a verdade é que o inimigo não estaria lutando contra você se não soubesse que Deus tem algo incrível à sua frente. Em tempos árduos, você pode dizer "está tudo bem", sabendo que a oposição é um sinal de que algo grande está a caminho. A Escritura diz: "Não estranhe a prova de fogo pela qual está passando." Não se dobre porque a vida o pega de surpresa e surge uma dificuldade inesperada. Às vezes, quando enfrenta-

> *Às vezes, quando enfrentamos desafios, não é porque estamos fazendo algo errado, mas porque estamos fazendo algo certo.*

mos desafios, não é porque estamos fazendo algo errado, mas porque estamos fazendo algo certo.

Jesus contou uma parábola sobre isso em Mateus 13. Um fazendeiro saiu para semear trigo no campo. Ele tinha boas sementes e estava fazendo a coisa certa. Mas à noite, enquanto dormia, um inimigo se esgueirou e semeou ervas daninhas em seu solo. Quando as sementes brotaram e começaram a crescer, as ervas daninhas saltaram entre o trigo. Os trabalhadores perguntaram: "De onde vieram as ervas daninhas? Você não semeou essas sementes." Sempre que estiver fazendo a coisa certa, honrando a Deus, sendo produtivo e ajudando os outros, não se surpreenda ao encontrar ervas daninhas entre seu trigo. Assim como com aquele homem, isso não significa que está fazendo algo errado. Você pensa: *fui leal a essa empresa por vinte anos. Por que eles me trataram mal? Cuidei bem dos meus filhos, então por que estão saindo dos trilhos?* Essas são apenas ervas daninhas que o inimigo semeou em seu campo para tentar desencorajá-lo, distraí-lo e tirá-lo do caminho. A boa notícia é que essas ervas não podem impedi-lo de alcançar seu destino. Se esse problema fosse parar o plano de Deus para sua vida, Ele nunca o teria permitido. Eu aprendi que as ervas daninhas sempre brotam logo antes da colheita. Quando sua empresa desacelera, uma criança começa a criar problemas ou você enfrenta situações ruins em um relacionamento, não entre em pânico. Você está próximo de uma descoberta. Sua colheita está prestes a acontecer. É por isso que essas ervas daninhas estão aparecendo.

Em vez de perder o controle e pensar *não acredito que isso está acontecendo,* sua mentalidade deveria ser: *é apenas mais uma erva daninha. Não é nada demais. Eu não a semeei. Não preciso co-*

lher. Deus disse que cuidaria disso. Se por algum motivo você for mandado embora do trabalho, não entre em pânico. É apenas uma erva daninha brotando. Se mantiver a fé, Deus lhe dará um emprego melhor. Se receber um resultado indesejado em um exame médico, não desanime e pergunte: "Deus, por que eu?" Não. Olhe para essa doença como uma erva daninha. Ela não é permanente, é temporária, e não pode impedi-lo de alcançar seu destino. Você é filho do Deus Altíssimo. Talvez um amigo o tenha feito mal e rompido a relação que tem com você. Na próxima vez que vir essa pessoa, diga para você mesmo: "Olá, erva daninha." Você não precisa dele ou dela para se tornar quem Deus o criou para ser.

A parábola termina com os trabalhadores perguntando ao fazendeiro: "Devemos arrancar as ervas daninhas?" Ele responde: "Não, apenas espere até chegar a hora de colher o trigo. Na hora certa elas serão destruídas." É isso que Deus está nos dizendo. Quando ervas daninhas brotam repentinamente em sua vida — os desafios inesperados, a doença, o problema no trabalho —, você não precisa enfrentá-las. Não gaste todo o seu tempo tentando arrancá-las. Não é possível consertar tudo com sua própria força. Se você estiver sempre tentando endireitar alguém, consertar uma situação ruim ou resolver um problema, se frustrará. A Bíblia diz: "Aqueles que creem entram no descanso de Deus." Em algum momento você precisa dizer: "Deus, confio no Senhor para cuidar das minhas ervas daninhas. Eu não as se-

> *Se você estiver sempre tentando endireitar alguém, consertar uma situação ruim ou resolver um problema, se frustrará.*

meei e sei que não preciso colhê-las." Continue a honrar a Deus, a ser sua melhor versão, e Ele removerá as pessoas erradas do caminho, restituirá o que foi roubado e resolverá a situação no trabalho. A batalha não é sua, é do Senhor. Fique calmo e saiba que Ele é Deus.

Você não deve passar o tempo inteiro ansioso, preocupado, refutando, resistindo e tentando consertar as coisas. É preciso uma pessoa madura para dizer: "Nada é perfeito. Tenho algumas dificuldades e algumas situações que eu gostaria que fossem diferentes, mas posso dizer que está tudo bem. Estou em paz. Não estou chateado. Sei que, na hora certa, Deus removerá as ervas daninhas. Até lá, irei relaxar e aproveitar minha vida."

Primeiro a Erva Daninha, Depois a Colheita

Muitas vezes ficamos frustrados com as dificuldades, mas é preciso perceber que não se pode ter uma colheita sem algumas ervas daninhas. Davi nunca teria subido ao trono sem uma enorme erva daninha chamada Golias. José nunca teria sido o segundo no comando do Egito sem ter sido traído pelos próprios irmãos e falsamente acusado de um crime. Nunca teríamos o antigo Compaq Center[1] sem um processo judicial de três anos e meio. Há ervas daninhas nas vidas de todos nós. Você nem sempre entenderá de onde elas vieram ou por que

---

[1] Antiga arena poliesportiva que foi arrendada pela Lakewood Church, megaigreja norte-americana da qual Joel Osteen faz parte (N. do T.).

isso aconteceu. Não desanime. Apenas continue seguindo em frente, sabendo que está tudo bem e que Deus promete que cuidará de suas ervas daninhas.

Conheço um jovem casal que economizou dinheiro por dez anos para comprar sua primeira casa. Em um determinado momento, tudo se encaixou. Eles encontraram a casa que queriam e estavam muito animados, mas no dia em que assinariam o contrato, a esposa estava no escritório do corretor de imóveis prestes a finalizar os detalhes quando recebeu uma ligação do marido dizendo que ele havia acabado de perder o emprego. Ele trabalhara nessa empresa por seis anos, sempre fez o seu melhor e tinha uma ótima atitude, mas o supervisor não gostava dele e o havia tratado de modo injusto durante muitos anos. O que foi isso? Uma erva daninha. O trigo estava prestes a brotar, mas a erva daninha brotou primeiro. Eles poderiam ter desanimado e pensado *Que azar o nosso. Logo quando nosso sonho estava prestes a virar realidade.* Não, eles tiveram outra mentalidade: *Está tudo bem. Deus está no controle. Isso não é uma surpresa para Ele.* Em vez de ficar em casa desanimado, quando o marido não estava em busca de entrevistas para um novo emprego, vinha para Lakewood fazer trabalho voluntário. Semana após semana, parecia que a busca por emprego não estava dando em nada. Mas quando você vir as ervas daninhas brotando — os desafios inesperados, a coisa errada acon-

> *Mas quando você vir as ervas daninhas brotando — os desafios inesperados, a coisa errada acontecendo quando se estava fazendo a coisa certa —, pode ter certeza de que a hora da colheita se aproxima.*

tecendo quando se estava fazendo a coisa certa —, pode ter certeza de que a hora da colheita se aproxima.

Cinco meses depois, ele recebeu uma ligação de sua antiga empresa. Ele não havia falado com eles desde que fora mandado embora. Um executivo da sede corporativa o informou que haviam demitido seu antigo supervisor e organizado uma nova equipe de gestão. Eles queriam que esse jovem rapaz voltasse e ofereceram não apenas seu antigo emprego, mas também restauraram todos os seus benefícios por tempo de trabalho, aposentadoria e plano de saúde. E quando o casal voltou a checar a casa que queriam, ela ainda estava disponível, como se tivesse sido reservada para eles. Hoje ele não apenas está se destacando na carreira, mas o casal mora em sua casa dos sonhos e é tão abençoado e feliz quanto pode ser.

A Fé é Sobre Isso

Em 2 Reis 4, Eliseu profetizou a uma mulher mais velha que ela teria um filho. Ela foi infértil a vida inteira. Um ano depois, ela teve um menino e ficou muito animada. Com dez anos de idade, o menino estava brincando no campo quando sua cabeça começou a doer. Eles o levaram de volta para casa e ele morreu nos braços da mãe. Você pode imaginar como ela ficou abalada e de coração partido. Depois de esperar todos aqueles anos, seu único filho havia partido. Ela decidiu ir imediatamente a Eliseu em busca de ajuda, e quando o marido perguntou se havia algo de errado, ela apenas respondeu: "Está tudo bem." Ela não disse nada sobre o filho deles.

A mulher pôs a sela em um dos burros e saiu a toda velocidade em direção à casa de Eliseu, nas montanhas. Eliseu a viu chegando a distância, em disparada. Ele disse a seu assistente, Geazi, que corresse para encontrá-la na estrada e ver se havia algo errado. Geazi a encontrou no caminho e disse: "Eliseu está se perguntando por que você vem tão apressada e de modo inesperado. Está tudo bem com você? Está tudo bem com seu marido? Está tudo bem com seu filho?" Ela respondeu "está tudo bem" e continuou em disparada até chegar a Eliseu.

> *Não use as palavras para descrever a situação, use as palavras para mudar a situação.*

"Bem, Joel, não quero mentir. Se não está bem, não vou dizer que está tudo bem." Mas a fé é sobre isso. A Bíblia diz: "... E chama à existência coisas que não existem, como se existissem." Quando a situação não parece boa, quando não é possível enxergar como alcançar seus sonhos, quando seu filho estiver andando com a turma errada, cada voz diz: "Não vai funcionar. É tarde demais. Apenas aceite." É nesse momento que você precisa ser assertivo e dizer como aquela mulher disse: "Está tudo bem." Isso não é apenas ser otimista, você está profetizando o seu futuro. Está imbuindo o seu destino de fé. Não use as palavras para descrever a situação, use-as para mudar a situação. É fácil falar do problema e como as coisas não funcionarão. "Eu apenas acredito em dizer as coisas como elas são. Minhas costas doem há doze anos. Eu nunca melhorarei. Tenho esse vício desde o colégio e isso nunca mudará. As pessoas com quem trabalho me irritam e sempre me irritarão." Isso é profetizar a derrota. Faça como essa senhora fez e, em meio às dificuldades, quando não enxergar nenhum sinal de mudança, se atreva a dizer "está tudo bem". Você perdeu um ente querido e deveria estar deprimido, mas não. "Está tudo bem. Deus ainda está no controle." Você não recebeu a promoção e seu amigo diz: "Você merecia. Isso não é certo." Não se junte a ele e diga "concordo com você. Não suporto meu chefe". Não. "Está tudo bem. Eu sei que algo melhor está a caminho." O resultado do exame médico não foi bom. "Sim, mas Deus é bom, e está tudo bem." Você está em uma situação difícil, não tem acontecido nada de bom. "Sim, mas não estou preocupado. A abundância de chuva está chegando. Está tudo bem."

Quando a mulher chegou à casa de Eliseu, contou a ele que seu filho havia morrido. Eliseu saiu com ela e orou pelo menino, que voltou à vida. Mas não acredito que isso teria acontecido se ela tivesse se deixado abater por autopiedade e desânimo, pensando que não era justo. Isso aconteceu porque ela ousou acreditar que "estava tudo bem" antes de ver qualquer sinal disso. Hoje, você pode se encontrar em uma situação em que as coisas não estejam bem. Pode não estar bem nas finanças, na saúde ou nos relacionamentos. Naturalmente, isso nunca vai mudar. Você pode escolher aceitar, desanimar ou reclamar a respeito disso, ou pode escolher fazer como aquela mulher fez. Apesar do que parece, apesar do que a sua mente diz, apesar dos relatórios negativos, você pode ousar dizer "está tudo bem".

Retire o Poder do Inimigo

Foi isso que os apóstolos Paulo e Silas fizeram em Atos 16. Eles não haviam feito nada de errado, mas acabaram na prisão e foram espancados com varas. À meia-noite eles estavam cantando louvores a Deus. Diziam: "Está tudo bem. Não estamos chateados, não estamos perturbados porque sabemos que Deus ainda está no trono." Repentinamente, houve um grande terremoto, as portas da prisão foram abertas e suas correntes se soltaram. Estava tudo bem.

> *Se você ficar feliz apenas quando tudo acontecer a seu favor, estará caminhando rumo à decepção.*

Jó passou por um período de grandes dificuldades. Ele perdeu a saúde, seu negócio e seus filhos. Tudo deu errado, mas ele não se tornou amargo. Ele disse: "Embora Ele me mate, ainda assim esperarei Nele." Jó estava dizendo "se as coisas acontecerem em meu benefício ou não, está tudo bem". Se você ficar feliz apenas quando tudo acontecer a seu favor, estará caminhando rumo à decepção. Uma atitude madura é *está tudo bem quando minhas orações são respondidas, e está tudo bem quando elas não são. Está tudo bem quando as pessoas são boas comigo, e está tudo bem quando elas não são. Está tudo bem quando meus sonhos estão se realizando, e está tudo bem quando não se realizam.* Você não é movido pelas circunstâncias, e isso retira o poder do inimigo. Se você não precisa que as coisas aconteçam em seu benefício, ele não pode controlá-lo. Você está dizendo: "Deus, minha vida está em Suas mãos. O Senhor sabe o que é melhor para mim."

Daniel foi jogado em uma cova de leões famintos porque continuou a orar para Deus em vez de orar para o rei persa. Sua atitude foi: *se eu for devorado por leões, irei para casa encontrar o Senhor hoje. Está tudo bem. Se não, fico feliz em continuar aqui e terminar meu caminho. Está tudo bem.* Na manhã seguinte, os guardas vieram. Posso imaginar que Daniel estava dormindo no canto da cova. Ele estava descansando; não estava preocupado. Sabia que não é o inimigo que determina nosso destino, mas Deus. Quando você tem uma atitude de "está tudo bem", você não é movido pelas ervas daninhas. Você não fica chateado por causa de uma decepção. Não perde a paz porque alguém lhe fez mal. Não fica amargo porque uma oração não é respondida como gostaria. Você sabe que Deus ainda está no trono e Ele o levará até o seu lugar.

Eu li a história de um homem chamado Horatio Spafford. Ele era um empresário rico que viveu nos anos 1800. Uma noite, sua esposa e quatro filhas estavam em um navio cruzando o Oceano Atlântico quando a embarcação colidiu com outro navio e todas as quatro filhas perderam a vida. A esposa lhe enviou um telegrama com a notícia terrível. Algumas semanas depois, Spafford estava viajando pelo Atlântico para se reunir com sua esposa enlutada. Em um determinado momento, o capitão do navio o notificou de que eles estavam passando pela exata localização onde suas filhas haviam perdido a vida. Naquela noite, ele pegou uma caneta e escreveu estas palavras: "Quando a paz acompanha meu caminho como um rio, quando a tristeza encrespa como as ondas do mar; seja qual for a minha sorte, Você me ensinou a dizer, está tudo bem, está tudo bem com minha alma." Não importa o que nos atinja na vida, precisamos ser capazes de dizer como ele: "está tudo bem com minha alma. A vida pode ter me atingido com algumas surpresas, mas está tudo bem com minha alma. Todos os meus sonhos ainda não se realizaram, mas está tudo bem com minha alma. Eu passei por um divórcio, mas não estou amargo porque está tudo bem com minha alma. Eu perdi um ente querido e posso não entender, mas está tudo bem com minha alma."

Pense com Fé Contra os "e se"

Mais de vinte anos atrás, meu pai foi se encontrar com o Senhor. Eu recebi uma ligação da minha mãe às 2h09 da madrugada dizendo: "Joel, venha aqui. Seu pai teve um ataque do coração." Ele morreu no dia seguinte. Parecia que tudo estava saindo do controle: eu perdi meu melhor amigo e nós não sabíamos o que aconteceria com a igreja. As pessoas continuariam a frequentá-la? Quem seria o pastor? Existiam todas essas variáveis. No meio daquela tempestade, com os ventos soprando e as ondas revoltas, nossa família poderia ter se preocupado e se deprimido, mas tivemos que fazer o que estou pedindo que você faça. Com fé, dissemos: "Está tudo bem. Deus, o Senhor ainda está no controle."

> *Às vezes você precisa anunciar que "está tudo bem", não apenas para que você ou Deus possa ouvir isso, mas para que o inimigo ouça.*

Às vezes você precisa anunciar que "está tudo bem", não apenas para que você ou Deus possa ouvir isso, mas para que o inimigo ouça. Ele está esperando que você caia, fique deprimido e desista dos seus sonhos. Mas quando você olha para essa adversidade nos olhos e não é movido por ela, quando você ainda tem um sorriso no rosto, ainda tem um relato de vitória, quando você ainda está sendo bom com as pessoas, isso faz o inimigo ter um colapso nervoso. Ele o atingiu com o melhor golpe, mas o melhor dele não foi o suficiente. Ele não tem a palavra final; Deus tem, e Ele não o trouxe até aqui para abandoná-lo. No passado, Deus mostrou a você Sua bondade, Sua graça e Sua compaixão, e Ele o fará de novo no futuro.

Agora você precisa fazer a sua parte e imbuir o seu destino de fé. Se você não falar positivamente consigo mesmo, pensamentos negativos tentarão dissuadi-lo. Os "e se" bombardearão a sua mente. "E se não funcionar? E se as pessoas não vierem? E se sua saúde não melhorar? E se você nunca encontrar a pessoa certa? E se você não tiver o dinheiro? E se você não aguentar?" Não. Declare com fé: "Está tudo bem. Eu posso não enxergar um caminho, mas sei que Deus tem um. Isso pode ser uma surpresa para mim, mas não é uma surpresa para Deus."

Depois que meu pai morreu, eu continuei meditando "está tudo bem", semana após semana, mês após mês. Hoje nossa família não precisa dizer isso apenas com fé; podemos dizer que isso é um fato. Lakewood é forte. O futuro é brilhante. Nossos melhores dias ainda estão por vir. Está tudo bem.

Sua reação em tempos difíceis irá determinar se você alcançará ou não a completude do seu destino. Se nossa família tivesse sucumbido à autopiedade, desanimado e dito: "Deus, por que nossas orações não foram respondidas?", não estaríamos onde estamos hoje. Haverá obstáculos no caminho até a sua

> *Sua reação em tempos difíceis irá determinar se você alcançará ou não a completude do seu destino.*

Terra Prometida. Todos temos ervas daninhas em nossos campos — coisas que não fazem sentido, coisas de que não gostamos, perdas, decepções, situações injustas. Não fique amargo, não reclame e não perca a sua paixão. Faça como Daniel fez, faça como a mãe fez com Eliseu, faça como o jovem casal fez com o emprego e a casa — tenha a atitude de que está tudo bem. Isso é mostrar a Deus que você confia Nele. É isso que permite que Ele dê beleza no lugar das cinzas e pegue o que foi feito para causar o mal e use em seu benefício.

A Promessa É Sua

Você pode estar em uma situação na qual se encontra facilmente preocupado, chateado e desiste dos seus sonhos. Você não consegue enxergar como as coisas podem mudar. O profeta Isaías declara: "Digam aos justos que tudo lhes irá bem." Você é justo. Deus está afirmando isso para você: "Tudo irá bem com você." Não é um "talvez", não é um "eu espero que aconteça", não é um "se você tiver sorte" — não, Deus promete que tudo lhe irá bem. Talvez você tenha perdido uma pessoa amada e acha que não conseguirá seguir em frente. Não é o fim; é um novo começo. Tudo lhe irá bem. Se o emprego não deu certo, ou você perdeu um cliente, deixe isso passar. Deus tem algo melhor. Tudo lhe irá bem. Quando estiver passando por dificuldades financeiras e não for capaz de enxergar como conseguirá dar conta, Deus já tem tudo planejado. Ele é o Senhor, seu provedor. Ele veste os lírios do campo. Ele alimenta os pássaros do ar e tudo lhe irá bem. Se o resultado do exame médico não foi bom, Deus tem outro resultado que diz: "Você viverá e não morrerá. O número dos seus dias, Ele os preencherá. Nada pode arrancá-lo de Suas mãos. Tudo lhe irá bem." Talvez você esteja solteiro há muito tempo e se questione se algum dia conhecerá a pessoa certa. Mantenha a fé. Deus já tem isso planejado e tudo lhe irá bem.

Agora você precisa fazer a sua parte. Deixe que essa simples frase toque seu espírito o dia inteiro: *está tudo bem*. Quando se sentir tentado a se preocupar, ficar chateado, desanimado, apenas sorria e diga: "Não, obrigado. Estou em paz. Está tudo bem." Deus prometeu que todas as coisas — não algumas, mas todas as coisas — trabalharão a seu favor. Isso significa que até mesmo as ervas daninhas trabalharão para o seu benefício. Você pode ter algumas ervas daninhas em sua vida agora, situações que você não entende. Sinta-se encorajado. Isso é um sinal de que está próximo da sua colheita. Você está prestes a ver uma revelação, uma cura, uma restauração, uma promoção. Você pode dizer pela fé hoje, mas assim como a mãe fez com Eliseu, um dia você dirá "está tudo bem" como um fato. "Está tudo bem na minha saúde e eu recebi um bom laudo médico." "Está tudo bem na minha carreira e meus sonhos estão se realizando." "Está tudo bem no meu casamento e estamos tão felizes quanto podemos ser." "Está tudo bem com meus filhos e eles estão realizando seus destinos." Você verá a lealdade de Deus, sonhos se realizarão e Suas promessas serão realizadas.

CAPÍTULO DOIS

Proteja Sua Paz

Nós deveríamos acordar toda manhã acreditando em um dia bom, esperando a graça, sabendo que Deus está guiando nossos passos. Ao mesmo tempo, deveríamos perceber que é possível que nem tudo dê perfeitamente certo hoje. É possível que nem todo mundo nos trate bem. Que nossos planos não obedeçam ao prazo. Que existam alguns obstáculos no caminho, coisas que não previmos. Se você só aproveitar o dia se seus planos funcionarem, estará se preparando para a decepção.

Em nossos carros, levamos um pneu de estepe. Quando dirijo para algum lugar, não espero que um dos pneus seja perfurado. Não estou esperando passar por um buraco que o fure. Espero chegar ao meu destino como planejado, mas mesmo esperando que as coisas funcionem como planejado, tomei providências caso isso não aconteça. Eu me preparei com antecedência caso um dos pneus fure. Do mesmo modo, ainda que você espere que seus planos funcionem e que coisas boas aconteçam, é preciso ter um estepe. É preciso tomar providências caso as coisas não aconteçam do nosso jeito.

Como você consegue o seu estepe? No começo do dia, é preciso tomar a decisão que, não importa o que aconteça, não o chateará. Não importa o que alguém lhe diga, você não ficará ofendido. Não importa quais atrasos, decepções ou términos ruins aconteçam, não ficará amargurado. Você já decidiu ficar em paz. Isso é se certificar de que você tem o seu estepe. Se alguém é rude contigo, sua atitude deve ser: *não é nada demais. Não sentarei na beira da estrada de mau humor. Vou usar meu estepe e continuar seguindo em frente.* Se você passar por um buraco, algo inesperado acontecer — a pessoa amada ficar doente, seu filho esquecer o dever de casa, o empréstimo não for aceito —, você pode ficar chateado ou preocupado, mas tem o seu estepe. Você decidiu, com antecedência, ficar em paz.

Sempre Leve Seu Estepe

Por melhores que sejam as pessoas na sua vida, não há pessoas perfeitas. Não há chefe, amigo, vizinho ou cônjuge perfeito. Victoria diz que eu sou perfeito, mas sei que ela está mentindo ou dizendo isso com fé. Dê espaço para que as pessoas sejam humanas. Pare de esperar que elas ajam de modo perfeito o tempo todo. "Bem, me magoaram." Se você tem o seu estepe, perdoe-as e siga em frente. Não tenha expectativas irreais para elas. Aquela pessoa que tanto o ama, não importa o quanto seja boa, às vezes o decepcionará. Ela dirá coisas que não deveria. Não se sinta facilmente ofendido. "Bem, meu marido não disse que me amava hoje. Aquela vizinha não me convida mais como costumava fazer. Meus colegas de trabalho não me parabenizaram pela minha importante apresentação." Você não sabe o que está acontecendo na vida delas. Não sabe com o que estão lidando. Não leve para o lado pessoal.

Eis aqui um ponto-chave: sua felicidade não é responsabilidade de outra pessoa. Você é responsável pela sua própria felicidade. Muitas vezes contamos com outras pessoas para nos animar, nos encorajar e nos sentirmos bem conosco. Isso é colocar pressão demais nas pessoas da sua vida. Deixe-as livres disso. Ninguém pode mantê-lo são, exceto nosso Pai celestial. Não peça a outras pessoas aquilo que apenas Deus pode lhe dar.

Você está vivendo sem um estepe, sentindo-se feliz apenas quando as coisas dão certo? O problema é que as estradas são

> *Sua felicidade não é responsabilidade de outra pessoa. Você é responsável pela sua própria felicidade.*

árduas. Haverá alguns buracos, alguns desafios inesperados. Sem o pneu reserva, você ficará preso na beira da estrada — amargurado por causa de um término, chateado porque um colega de trabalho o excluiu de alguma coisa, estressado com o congestionamento. A vida é curta demais para que você viva ofendido, chateado e desanimado. Este dia é um presente de Deus. Não estaremos aqui para sempre. Você precisa ser assertivo e dizer: "Não vou deixar que essas mesmas coisas continuem a me chatear. Ficarei em paz. Mesmo se o chefe for injusto, se meu cônjuge estiver emburrado, se meu voo atrasar, se o laudo médico não for positivo, este é o dia que o Senhor fez. Estou decidido: irei aproveitá-lo."

Quando vivemos ofendidos, chateados e desanimados, estamos desonrando a Deus. Ele nos confiou a vida, poderia ter escolhido qualquer um para estar aqui, mas antes do início dos tempos, em Sua grande misericórdia, Ele o escolheu a dedo. Não apenas o escolheu, mas também o criou à Sua própria imagem. Planejou os seus dias e o coroou com a graça. Agora, Ele está guiando seus passos. A forma de honrar a Deus é levantar todo dia com paixão para ser o seu melhor e ir atrás do que Ele colocou em seu coração. Não fique preso nos buracos da vida. Livre-se das ofensas, livre-se do que alguém disse, da autopiedade e da amargura. Deus viu tudo que aconteceu com você. Ele sabe o que foi injusto e sabe como você foi tratado. Nada é uma surpresa para Ele. Se você continuar seguindo em frente, Ele não apenas fará com que você floresça, mas o fará florescer melhor.

Alcance o Poder de Permanecer em Paz

"Joel, eu ficaria em paz, mas as pessoas no trabalho não me tratam bem. Elas são injustas e me irritam." Não é possível controlar o que as outras pessoas fazem, mas você pode controlar o que faz. Caso deixe que elas o chateiem, está dando o seu poder e deixando que o controlem. A Bíblia diz que Deus nos deu o poder de permanecer calmos em tempos de adversidades. Você não precisa deixar as mesmas coisas o chatearem. Pare de dizer a si mesmo: "Não consigo evitar. Elas sabem como me tirar do sério." Tente uma nova abordagem. Decida com antecedência que ficará em paz; dessa forma, você conquistará o poder de permanecer calmo.

Um homem estava andando na rua com seu amigo para comprar um jornal. Eles foram até a loja da esquina, onde o homem comprava o jornal todo dia. O atendente atrás do balcão era o mais hostil possível; era frio, insensível e agia como se o homem estivesse incomodando-o. Ele comprou o jornal, sorriu e disse: "Espero que você tenha um ótimo dia." O atendente nem sequer olhou para ele para demonstrar que ouviu o que foi dito. O amigo indagou: "Cara, o que tem de errado com aquele atendente? Ele é sempre rude assim?" O homem respondeu: "Toda manhã." O amigo perguntou: "Você é sempre tão simpático?" Ele disse: "Toda manhã." O amigo parecia confuso e quis saber mais: "Por quê?" A resposta dele foi: "Eu decidi que não deixarei outra pessoa arruinar meu dia." Aquele homem estava dizendo: "Tenho meu estepe. Sim, passo por esse buraco todo dia, mas não vou me prender em uma discussão ou ser rude de volta e deixá-lo arruinar minha manhã."

> *Pare de dizer a si mesmo: "Não consigo evitar. Elas sabem como me tirar do sério."*

Podem existir pessoas que você vê diariamente e que têm o dom de irritá-lo. Parece que o objetivo das vidas delas é deixá-lo infeliz. A boa notícia é que você está no controle. Eles não podem deixá-lo triste a não ser que você permita. Não podem deixá-lo frustrado, isso é uma escolha sua. Porém, não viva os próximos trinta anos deixando que as mesmas coisas o chateiem, dando o seu poder aos outros. Como esse homem fez, tome uma decisão: você não deixará outra pessoa arruinar o seu dia — nem mesmo o cara que fecha você no trânsito, o atendente que é rude ou o parente que é desrespeitoso.

Quando alguém é crítico, condescendente e rude, essa pessoa tem problemas pessoais não resolvidos com os quais não está lidando. Ela está envenenada, e agora esse veneno está saindo de forma natural. O segredo é não deixá-lo entrar em você. Não deixe a atitude ruim dela amargar o seu dia. Você supera o mal com o bem, não com mais mal. Se você se unir a ela, sendo rude ou discutindo, permitirá que o veneno o contamine. Mas quando você escolhe o caminho do bem, quando supera a situação e é gentil com aqueles que não são gentis, é respeitoso quando outras pessoas não são, então você está sendo uma águia. Deus o levará a alturas que você nunca imaginou.

> *O segredo é não deixar esse veneno entrar em você. Não deixe a atitude ruim dela amargar o seu dia.*

Não Morda a Isca

Anos atrás, prometi a um amigo que trabalha em um noticiário local que iria ao seu programa. Eu precisava chegar às 6h30 em uma segunda de manhã. Naquele dia, havia acordado cedo e estava muito cansado. Não senti que estava bem para sair. Estava frio e chovendo, mas fizera uma promessa, então fui. Disseram-me para estacionar dentro da grade que era próxima da porta principal do prédio. Ainda estava escuro quando entrei no estacionamento e não havia carros por lá. Eu estava prestes a estacionar e sair, mas uma segurança veio correndo, acenando os braços como se eu houvesse cometido um crime sério. Ela gritou: "O que você está fazendo? Não pode estacionar aqui.

Esse espaço é reservado para nossos convidados especiais." Eu pensei *Deus, vou precisar de três estepes para essa senhora. Ela é como uma bola de demolição.* Eu disse: "Senhora, participarei do programa esta manhã. Disseram-me para estacionar aqui." Ela retrucou: "Você não ouviu o que eu disse? Não pode estacionar aqui." Eu tive que me lembrar: *Joel, você é um pastor. Sua igreja fica logo do outro lado da autoestrada.* Eu sorri e disse: "Tudo bem." Dirigi para fora do estacionamento e parei o carro na rua a algumas centenas de metros de distância. Ainda estava chovendo, então tive que correr em direção ao prédio. Eu fiz o programa e ela deve ter assistido, porque, mais tarde, ela veio correndo até mim e disse: "Ah, pastor Osteen, se eu soubesse que era você, teria deixado que estacionasse lá! Você tem tempo para orar por mim?" Eu pensei: *eu teria, se não tivesse que andar tanto.* Eu disse: "Claro, vou orar." Meu desejo era orar o seguinte: "Deus, liberte-a dessa pobreza de espírito."

O que quero dizer? Não deixe outra pessoa arruinar o seu dia. Não deixe um chefe aborrecido deixá-lo igualmente aborrecido e então levar isso

> *Você não pode evitar que isso aconteça, mas pode evitar que isso o afete. É preciso proteger o seu coração.*

para casa, descontando com amargura em sua família. Você não pode evitar que isso aconteça, mas pode evitar que isso afete você. É preciso proteger o seu coração. Jesus disse: "As ofensas virão." Ele não disse que elas podem vir. Não disse que se você for uma boa pessoa, se for gentil o suficiente e se citar a Bíblia com frequência, não terá que lidar com pessoas aborrecidas nem passar por buracos na estrada. Ele disse que as ofensas virão. Frequentemente, surgirão oportunidades de se chatear, viver amargurado e ofendido, discutir e tentar revidar.

A palavra *ofensa* na Bíblia vem de uma palavra grega que significa "isca". Ela é usada em referência a como eles capturavam animais. Era a isca que atraía o animal para a armadilha. Quando se sentir tentado a ficar ofendido, quando alguém disser algo depreciativo ou o excluir, reconheça que o inimigo está oferecendo uma isca. Ele está tentando enganá-lo para que caia na armadilha. "Vamos lá, fique chateado, fique amargurado e discuta de volta." Muitas pessoas mordem a isca, vivem amargas, chateadas e ofendidas. Na próxima vez que o ofenderem, em vez de deixar as mesmas coisas o chatearem, apenas diga: "Não, obrigado. Não vou morder essa isca. Não vou cair nessa armadilha. Aproveitarei este dia."

Mas é fácil ser provocado e entrar no conflito, discutindo com as pessoas e tentando provar seu ponto de vista. Você precisa escolher suas batalhas, não deve se envolver em todos os conflitos. Se a batalha não é entre você e seu destino dado por Deus, ignore-a. A maioria das coisas que nos atingem são apenas distrações. Pergunte-se: "Se eu ganhar essa batalha, como isso me beneficiará? O que isso me fará realizar? Se eu correr até aquele carro que me fechou no trânsito e fechá-lo de volta, o que eu vou ganhar com isso? Eu nem conheço o motorista. É uma distração. Se eu for rude com a pessoa que me vendeu o jornal, sim, isso faz com que eu me sinta bem, mas não me faz avançar na estrada. É uma distração."

Lute Apenas as Batalhas que Importam

Você precisa escolher suas batalhas com sabedoria. Se cometer o erro de se envolver em todo conflito, endireitar seus colegas de trabalho, provar para as outras pessoas quem você é, não terá tempo de lutar as batalhas que importam.

Na Bíblia, quando Davi era adolescente, ele estava trabalhando nos campos dos pastores quando seu pai lhe pediu que levasse um carregamento de comida para seus irmãos. Eles estavam em outra cidade, servindo no exército. Quando Davi chegou, viu Golias provocando o exército israelita, zombando deles, e perguntou a alguns dos homens no local: "Qual é o prêmio para o homem que derrotar esse gigante?" Eles responderam: "O prêmio é que a pessoa receberá uma grande fortuna, uma das filhas do rei em casamento e não terá que pagar impostos." Isso chamou a atenção de Davi, que percebeu que era uma batalha que valia a pena lutar, pois haveria grandes benefícios. Mas quando o irmão mais velho de Davi, Eliabe, o ouviu perguntando sobre lutar com Golias, tentou envergonhar Davi. Na frente dos outros homens, Eliabe disse: "Davi, o que você está fazendo aqui, e o que você fez com aquelas poucas ovelhas das quais deveria estar tomando conta?" Ele estava tentando fazer Davi se sentir pequeno, dizendo: "Davi, você não é importante. Você nunca fará algo grande." Bem, Davi havia matado um leão e um urso com as próprias mãos. Não tenho dúvidas de que ele poderia ter dado um jeito em Eliabe, mas a Bíblia diz que Davi se virou e foi embora. Um dos motivos pelos quais Davi fez coisas grandiosas é que ele sabia escolher suas batalhas. Ele poderia ter entrado em uma briga, discutido e tentado provar a Eliabe que era importante, mas, se ele tivesse se envolvido nesse conflito, se tivesse mordido a isca, teria se distraído, perdido tempo e talvez nunca tivesse enfrentado e derrotado Golias.

Você está lutando batalhas que não importam e que também o mantêm afastado das importantes? É preciso aprender a se afastar de discussões mesquinhas. Afaste-se do desrespeito. Afaste-se de pessoas invejosas. O escritor dos Provérbios diz que evitar uma luta é uma marca de honra — não vencer uma luta, se afastar dela. Isso não é ser fraco, isso é ser uma pessoa forte. Isso é uma marca de honra.

> *O escritor dos Provérbios diz que evitar uma luta é uma marca de honra — não vencer uma luta, se afastar dela.*

No seu casamento, você precisa fazer de tudo para permanecer unido. É fácil discutir sobre cada coisa pequena, viver amargurado e ofendido. O problema é que haverá alguns gigantes que você e seu cônjuge precisam enfrentar. A caminho do seu destino, haverá vários Golias. É assim que chegamos a novos níveis. Mas se você estiver distraído e discutindo sobre coisas pequenas, não será capaz de derrotar esses gigantes. É necessário passar no teste de morder a língua, se afastar quando quiser responder alguém e ignorar uma ofensa. A Bíblia diz que um pode perseguir mil e dois podem colocar 10 mil para correr. Quando você está de acordo com seu cônjuge, você é dez vezes mais poderoso.

Quando Davi foi insultado por Eliabe, foi capaz de morder a língua e se afastar. Sabe por quê? Davi orou no Salmo 141:

"Coloca, Senhor, uma guarda à minha boca; vigia a porta de meus lábios." Ele estava dizendo: "Deus, ajude-me a não dizer coisas que eu não deveria. Ajude-me a me afastar de pessoas rudes. Ajude-me a continuar no caminho do bem." Sim, é bom orar por graça, orar por sabedoria e orar por proteção, mas eu me pergunto o quanto poderíamos chegar mais longe se fizéssemos como Davi fez e começássemos a orar: "Deus, ajude-me a fechar a boca." Essa é uma oração poderosa. "Deus, ajude-me a não dizer coisas que machucam. Ajude-me a não ser crítico. Ajude-me a não discutir." Quando Deus pode confiar em você para se afastar de Eliabes, de pessoas que são desrespeitosas, que tentam provocá-lo para o conflito, então Ele pode confiar na sua luta contra os Golias. Você chegará a momentos do destino em que enfrentará gigantes que o catapultarão adiante.

Sente-se à Mesa

Conforme eu me tornei mais conhecido, ganhei mais críticos. Alguns deles eram pessoas que tinham muitos seguidores. Quando você ouve coisas negativas sendo ditas sobre você, especialmente coisas que são falsas ou quando suas palavras são tiradas de contexto, é tentador responder. Mas, pela graça de Deus, sempre fui bom em deixar essas questões passarem, elas nunca me incomodaram, nem um pouco. Aprendi que,

> *Deus lidará com as pessoas que estão tentando desacreditá-lo. Não é seu trabalho endireitá-las.*

quando permaneço com nobreza de conduta, quando não tento provar para as pessoas quem eu sou, quando não vivo na defensiva, Deus me leva para onde eu devo estar. É interessante ver que algumas das pessoas que eram contra mim não têm mais as suas plataformas hoje em dia. Por algum motivo elas perderam seguidores e influência. Não estou feliz com isso, mas meu argumento é que Deus cuidará dos Eliabes. Deus lidará com as pessoas que estão tentando desacreditá-lo. Não é seu trabalho endireitá-las. Afaste-se delas e deixe Deus lutar essas batalhas.

Davi diz: "Deus prepara uma mesa para nós na presença de nossos inimigos." Quando você tem um inimigo, isso significa que Deus tem uma mesa para você. Quando alguém está vindo contra você, quando há um Eliabe no trabalho que está tentando desacreditá-lo, reconheça que há uma mesa ali. Você pode discutir com eles, pode ser rude de volta com quem foi rude contigo ou pode sentar-se à mesa que Deus preparou. Quando você se senta, está dizendo: "Deus, estou confiando no Senhor para lutar essa batalha. Não é entre mim e meu destino, então não vou me preocupar com as pessoas no trabalho que estão tentando fazer com que eu me saia mal. Continuarei a honrar ao Senhor, sendo o meu melhor. Sei que, enquanto estiver sentado à mesa que o Senhor preparou, enquanto estiver em paz, o Senhor cuidará do que está vindo contra mim."

O apóstolo Paulo fez isso. Ele tinha todos os tipos de oposição. Líderes religiosos não o aceitavam, o governo achava que ele tinha muita influência e as pessoas mentiam sobre ele. Ele foi colocado na prisão várias vezes e teve muitas oportunidades de viver amargurado e ofendido. Um lugar no qual vemos sua atitude é quando ele escreveu a Timóteo: "Alexandre, o latoeiro, me fez um grande mal, mas Deus o pagará." Ele estava dizendo: "Essa batalha não é entre mim e meu destino. Não vou morder a isca. Não vou me distrair. Vou sentar-me à mesa e deixar Deus lutar minhas batalhas."

Você está lutando quando deveria estar sentado? Está tentando endireitar alguém e provar a eles quem você é? Essa batalha não é sua, é do Senhor. Você não precisa acertar as contas com as pessoas, não precisa se vingar. Deus é seu juiz. Ele vai recompensá-lo pelas coisas ruins que foram feitas a você. Se permanecer com fé, em paz e com nobreza de conduta, Deus irá vingá-lo de uma forma melhor do que você mesmo faria.

Aprenda a Ignorar

Em 1 Samuel 10, o profeta Samuel escolheu Saul como o próximo rei de Israel. A maioria das pessoas estava feliz e parabenizou Saul, mas, quando ele voltou à sua terra natal, algumas das pessoas que mais o conheciam não estavam felizes com a decisão de Samuel. Elas começaram a rir e zombar dele. "Saul nunca será nosso rei. Ele não tem o que é preciso." A verdade é que estavam com inveja de Saul. Elas eram tão inseguras, de mente tão pequena, que pensaram que tinham que menosprezar Saul para não se sentirem tão mal.

Nunca trave batalhas com pessoas de mente pequena. Não desperdice tempo com pessoas que são invejosas, que não valorizam quem você é, que não respeitam a unção, a graça e o talento em sua vida. Não deixe que elas roubem a sua paz.

> *Nunca trave batalhas com pessoas de mente pequena.*

Essas pessoas não estão entre você e seu destino. Se você se envolver nesses conflitos, isso o manterá afastado de se tornar quem foi criado para ser. Foi isso que Saul fez: "Desprezaram Saul e se recusaram a lhe trazer presentes, mas Saul não lhes deu atenção."

Se você vai realizar seu propósito, precisa aprender a ignorar melhor as coisas. Ignore os comentários negativos, o desrespeito e os pessimistas — eles não controlam seu destino, são distrações para tentar mantê-lo afastado do melhor de Deus. Em vez de ficar chateado com quem não está com você, frustrado com quem está tentando fazê-lo se sair mal, faça como Saul e ignore-os. Pessoas invejosas não podem mantê-lo afastado do seu destino. Pessoas de mente pequena não podem impedir o seu propósito.

Quando Neemias estava reconstruindo os muros quebrados ao redor de Jerusalém, havia dois homens importantes na região, Sambalate e Tobias, que não gostavam dele e se opuseram ao trabalho. Eles o criticavam constantemente, espalhando rumores, às vezes gritando insultos e zombando dele, tentando arruinar sua reputação. Tentavam atrair Neemias para uma luta e desencorajar os trabalhadores, mas Neemias sabia que eles não estavam entre ele e seu destino. Ele não ficou chateado ou tentou endireitá-los e simplesmente os ignorou. Em um determinado momento, eles planejaram atacar a cidade, mas Neemias organizou as defesas e se recusou a parar o progresso do muro. Ele seguiu em frente e terminou o muro em tempo recorde.

> *Sempre haverá pessoas que tentarão irritá-lo. Não morda a isca.*

Quando Deus coloca um sonho em seu coração, sempre haverá Sambalates e Tobias que são críticos, invejosos e desrespeitosos contigo. Sempre haverá pessoas que tentarão irritá-lo. Não morda a isca. Essa não é uma batalha que você precisa lutar. Elas são distrações para tentar tirá-lo do caminho e fazê-lo perder seu propósito. Faça como Neemias e aprenda a ignorar os Sambalates e Tobias. Sua missão é importante demais para que você se distraia com pessoas invejosas e de mente pequena.

Coloque Seus Calçados

Na Bíblia, o apóstolo Paulo nos diz para vestir a armadura inteira de Deus. Uma das peças dessa armadura são os calçados da paz. É interessante que Deus tenha escolhido nossos pés para a paz: isso implica que a todo lugar que formos, teremos que escolher ficar em paz. Você pode ter o seu capacete da salvação, seu escudo da fé e seu cinto da verdade, mas se não colocar os calçados da paz, se não tomar a decisão de não ficar chateado, não viverá ofendido, não será provocado para o conflito, então, mesmo que você tenha todas as outras peças da armadura, ela não será eficiente sem a paz. Toda manhã você precisa se certificar de que está colocando os calçados da paz. Muitas pessoas passam pelo dia descalças — ofendidas, desencorajadas e chateadas. Mas quando você toma a decisão no começo do dia de que nada vai chateá-lo, está colocando os calçados da paz. Você está dizendo: "Deus, eu confio no Senhor. Eu sei que o Senhor está guiando meus passos. Mesmo se tudo não for perfeito hoje, acredito que todas as coisas funcionarão para o meu bem."

Quando você está em paz, está em uma posição de poder. Quando está chateado, desanimado e ofendido, é o oposto — não terá a força necessária. Na próxima vez que se sentir tentado a ficar ofendido, reconheça o que está acontecendo e não morda a isca. Quando alguém diz algo negativo, em vez de tentar revidar, ignore-o. Sente-se à mesa que Deus preparou. Quando você se afasta de Eliabes — as batalhas que não importam —, vai encontrar os seus Golias — as oportunidades que o impulsionarão. Estou pedindo que proteja a sua paz. Se fizer isso, acredito e declaro que você não irá apenas aproveitar melhor a sua vida, mas Deus cuidará do que está vindo contra você. Ele irá vingá-lo, promovê-lo e levá-lo a novos níveis do seu destino.

CAPÍTULO TRÊS

O Guardião da Sua Alma

Quando observamos tudo que está acontecendo no mundo, é fácil vivermos preocupados e com medo. Assistimos às notícias e vemos desastres naturais, doenças, acidentes e conflitos entre nações. Como se isso não fosse o suficiente, agora estamos lidando com o medo de pandemias. Pensamos *e se eu ficar doente? E se meu negócio não vingar? E se meu filho sofrer um acidente?* Todas essas preocupações são válidas. Se você estivesse por conta própria, teria motivos para viver preocupado, mas a Bíblia diz: "Agora voltaram para o Pastor, o Guardião de sua alma." Você não está sozinho. Você tem um protetor, um defensor, um entregador. O Deus Maior é o Guardião da sua alma.

Quando Deus soprou vida em você, Ele não apenas o colocou na terra e disse: "Boa sorte. Você está por conta própria." Ele disse: "Vou protegê-lo. Vou afastar as forças da escuridão. Vou escondê-lo dos inimigos. Vou blindá-lo dos problemas." O Salmo 91 diz: "Porque Ele te livrará do laço do caçador e do veneno mortal." Você não precisa ter medo de uma pandemia, pois Deus colocou um escudo ao seu redor. Ele sabe como manter o mal longe e, se o mal vier, Ele saberá como curá-lo. Ele sabe como restaurar o que foi tomado e o resgatará de cada armadilha. O inimigo não tem a palavra final. Nada pode retirá-lo das mãos de Deus.

Por você ter buscado seu Pastor, Deus o protegeu de coisas que não são do seu conhecimento. Ele impediu que aquele carro o atingisse. Ele afastou a doença. Ele estragou os planos do inimigo e retirou do caminho as pessoas que seriam uma influência ruim. Ele tem guardado a sua alma desde que você nasceu. Se você soubesse de todas as coisas das quais Ele o protegeu, não se preocuparia com o que está enfrentando agora e estaria em paz, sabendo que Deus toma conta de você. Você está na palma das mãos Dele, não está à mercê do destino, do azar ou de doenças temíveis, possui um guardião, um protetor, um Deus que prometeu resgatá-lo de cada armadilha.

Quando meu pai era um bebê, mal sabendo andar, sua família vivia em uma fazenda. Certa noite, ele perambulou para longe de todo mundo e caiu em uma fogueira. Ele poderia ter facilmente morrido, mas aconteceu de alguém estar caminhando por perto e o salvar. Mais quinze segundos e ele teria perdido a vida. Aquilo deveria ter impedido seu destino, mas há um Guardião da sua alma. Há um Deus que olha por você e o resgatará dos problemas. Ele impedirá o plano do inimigo.

O Salmo 121 diz que seu Deus Guardião está bem ao seu lado para protegê-lo. Ele o guarda quando você sai e o guarda quando retorna. Ele o guarda agora e irá guardá-lo sempre.

Você não pode ir a lugar algum sem seu Deus Guardião. É por isso que você pode viver em um lugar de paz, um lugar de fé, mesmo que haja tribulações ao seu redor. Quando outras pessoas estão preocupadas e em pânico, fique em paz. Não é uma surpresa para Deus. Ele não disse que você não teria problemas e não teria que enfrentar essas coisas, mas prometeu que o resgatará do problema. Ele impedirá que o veneno mortal o atinja. Você não precisa se preocupar com seu futuro ou ter medo do que pode acontecer. Deus tem uma cerca de proteção ao seu redor, uma linhagem que o inimigo não pode atravessar.

> *Você não pode ir a lugar algum sem seu Deus Guardião.*

A Distinção que Há em Você

Depois de os israelitas serem escravizados no Egito por centenas de anos, Deus disse a Moisés que Ele os libertaria e os guiaria até a Terra Prometida. O modo pelo qual Deus fez isso foi enviar pragas ao faraó e a seu povo, que oprimiam os israelitas. O interessante é que os israelitas viviam no mesmo local, mas nenhuma das pragas os afetou. Deus enviou nuvens de gafanhotos que devoraram todas as plantações egípcias e destruíram seu estoque de alimentos, mas as plantações dos israelitas, bem ao lado, estavam intocadas. Posso imaginar que alguns dos gafanhotos começaram a voar em direção à terra dos israelitas, mas, quando chegaram perto, foi como se tivessem visto uma cerca elétrica e, de repente, deram meia-volta e deixaram as plantações israelitas em paz. Isso aconteceu com todas as prags, de maneira sucessiva. Deus disse no livro do Êxodo: "Farei distinção entre o meu povo e o seu." Em determinado momento, todo o rebanho do faraó — seu gado, cavalos, burros, camelos, bois e ovelhas — morreu de repente. Mas, logo ao lado, o rebanho dos israelitas ficou perfeitamente bem porque Deus colocou um escudo ao redor do povo Dele. Mesmo que a praga estivesse ao redor deles, Ele impediu que ela os atingisse.

Assim como aconteceu com os israelitas, há uma distinção em você, que lhe foi dada por Deus, por você pertencer a Ele e honrá-Lo. O que derrotará outros não será capaz de derrotá-lo. Quando os negócios estiverem indo mal, você irá bem. Quando outros estiverem com dificuldades, você estará nos ares. É por isso que Davi diz: "Mil poderão cair ao seu lado; dez mil, à sua direita, mas nada o atingirá." Davi entendeu o princípio de que aquilo que aconteceu com os outros não acontecerá com ele. Havia uma distinção nele, que lhe foi dada por Deus.

Não digo isso de modo arrogante, como se estivesse feliz por outra pessoa ter dificuldades e nós não. Estou falando sobre viver a partir de um lugar de fé, sabendo que se tem uma vantagem. Deus ergueu um escudo ao seu redor. O Salmo 91 diz: "Você simplesmente olhará, e verá o castigo dos ímpios. Se você fizer do Altíssimo o seu abrigo, do Senhor o seu refúgio, nenhum mal o atingirá, desgraça alguma chegará à sua tenda." Algumas coisas podem chegar à sua porta, mas não entrarão. Você sairá intocado, observará tudo a distância.

> *Você sairá intocado.*

Anos atrás, o rapper MC Hammer tinha uma música popular chamada "U Can't Touch This" ["Você não pode me tocar", em tradução livre]. Você precisa se enxergar dessa maneira. Quando a doença chegar, em vez de aceitá-la e pensar *eu sabia que isso aconteceria*, você precisa avisar ao inimigo: "Você não pode me tocar. Sou propriedade de Deus. Meu corpo é um templo do Altíssimo. Viverei e não morrerei." Quando a carestia e a dificuldade chegarem, dizendo "você nunca seguirá adiante", simplesmente declare: "Você não pode me tocar. A graça de Deus está em minha vida. Prosperarei mesmo em um deserto." Quando seus filhos não estão tomando boas decisões e estão saindo dos trilhos, em vez de ficar deprimido e pensar *o que fiz de errado?*, você precisa lembrar o inimigo: "Você não pode me tocar. Quanto a mim e minha casa, serviremos ao Senhor. Meus filhos serão poderosos na terra." Você precisa se enxergar como intocável para o inimigo.

O que Você Está Dizendo?

Todos nós temos dificuldades. Não estou dizendo que você não precisará enfrentar doenças, oposição e traições. Elas podem vir, mas não precisam ficar. Você não precisa atender a porta. Não abra e diga: "Eu sabia que você apareceria. Entre. Deixe-me passar um cafezinho." Não faça isso. Quando baterem na porta, diga: "Não, obrigado. Você não é bem-vinda aqui." Não aceite isso. Não aprenda a viver com isso. Pare de dizer *minha* doença, *minha* ansiedade, *minha* disfunção, *meu* vício. Não são seus. Nada disso pertence a você. Tudo isso está em território estrangeiro. Seu corpo é um templo do Deus Altíssimo. A doença não pertence ao seu templo. A depressão não pertence ao seu templo. Medo, vício e carências não pertencem a esse lugar. Fique firme e mantenha a porta fechada. Sim, coisas podem acontecer. Não estou dizendo para negar os fatos e agir como se não estivesse com uma doença, mas você não precisa aceitá-la em sua mente. Não deixe que isso se torne permanente, pensando que sempre será assim. Enxergue como algo temporário. Isso também passará.

Tenho vários amigos que contraíram o coronavírus. Eles lutaram a boa luta da fé e se recuperaram. Quando você enfrenta uma doença, um azar ou uma perda, isso não significa que você não tem a distinção ou que você não tem fé o suficiente. Nada disso. A Bíblia diz: "A chuva cai sobre os justos e sobre os injustos." Há momentos em que as dificuldades virão. Oramos e acreditamos, mas não funcionou do nosso jeito. Quando chover, não se sinta desencorajado. Não desista dos seus sonhos. Deus sabe o que está fazendo. Se você mantiver a atitude certa, a chuva não o impedirá, mas fará com que floresça. A intenção do inimigo pode ter sido lhe fazer mal, mas Deus permitiu isso para que Ele tirasse você da chuva melhor do que quando entrou.

O Salmo 91 começa dizendo: "Aquele que habita no esconderijo do Altíssimo à sombra do Onipotente descansará." O próximo verso diz: "Direi do Senhor: Ele é o meu Deus, o meu refúgio, a minha fortaleza, e nele confiarei.'" É significativo que o salmista não tenha dito apenas "vou ficar no esconderijo e isso me manterá protegido". Ele diz: "Direi do Senhor." O que você está dizendo fará a diferença, se enxergar a proteção e a graça de Deus do modo como deveria. "Joel, eu provavelmente vou pegar a gripe ou o novo vírus. Eu sempre tenho azar. Não acho que meu negócio vai aguentar. Meus filhos nunca farão o que é certo." Você precisa parar de dizer isso, está abrindo a porta para as dificuldades. Se vai ativar essa proteção, não pode andar por aí falando em derrotas. É preciso fazer o que o salmista disse e começar a dizer ao Senhor "obrigado por ser meu Protetor. Obrigado por me proteger de cada praga, me salvar de cada armadilha. Obrigado por me fazer sair dessa situação intocado". Você verá a distinção ao declarar que está protegido e agradecer a Deus que há uma cerca ao seu redor.

Davi enfrentou todo tipo de oposição. Ele teve pessoas querendo matá-lo. Exércitos foram contra ele. O próprio filho tentou tirá-lo do trono. Ele poderia ter ficado com medo e reclamado: "Deus, o Senhor me ungiu. Por que estou passando por todas essas dificuldades?" Não. Em vez disso, ele continuou voltando a um lugar de paz. Ouça como Davi falou no Salmo 27: "O Senhor é a minha luz e a minha salvação; de quem terei temor? O Senhor é o meu forte refúgio; de quem terei medo? Quando homens maus avançarem para destruir-me, eles, meus inimigos e meus adversários, é que tropeçarão e cairão. Ainda que um exército se acampe contra mim, meu coração não temerá; ainda que se declare guerra contra mim, mesmo assim estarei confiante." Davi sabia como ativar esse escudo. Você precisa agradecer a Deus por isso; não pode andar por aí preocupado e em pânico e, ao mesmo tempo, esperar encontrar essa cerca de proteção.

> *O que você está dizendo fará a diferença se você enxergar a proteção e a graça de Deus do modo como deveria.*

Escondido do Inimigo

Em 1 Samuel 23, Davi estava fugindo do rei Saul. Ele havia sido bom para o rei, era o escudeiro de Saul e servido fielmente a ele, mas Saul tinha inveja de Davi. Ele podia ver a graça na vida dele e não conseguiu aguentar a ideia de alguém receber mais atenção do que o rei, então, mesmo que Davi não tenha feito nada errado, Saul estava tentando matá-lo. Estava tão obcecado que perseguiu Davi repetidas vezes pelo deserto. Saul tinha os assassinos mais habilidosos e tinha pessoas que eram especialistas em rastrear outras pessoas. Davi, por outro lado, era um pastor que não tinha nenhum treinamento especial, mas os homens de Saul tinham. Certamente eles poderiam encontrar Davi. Certamente poderiam capturá-lo. A Bíblia diz que Saul "o buscava todos os dias, porém Deus não o entregou na sua mão". Deus sabe como escondê-lo do inimigo. Ele sabe como escondê-lo do problema. Ele pode escondê-lo de um vírus que se propagou. Ele o colocará fora do alcance da oposição.

> *Ele o colocará fora do alcance da oposição.*

Saul estava tão frustrado que finalmente voltou para casa. Mais tarde, alguns dos homens do local onde Davi estava se escondendo o traíram. Eles avisaram o pessoal de Saul e entregaram a eles a localização de Davi e todos os detalhes do lugar no qual se escondia. Saul estava muito animado e disse: "Finalmente alguém teve misericórdia de mim e me ajudará a me livrar desse homem que está tentando tomar o meu trono." Davi não estava tentando tomar o lugar de Saul. Em vez disso,

Saul havia desobedecido e deixado de fazer o que Deus lhe disse para fazer, e agora estava tentando descontar em Davi.

Quando está fazendo a coisa certa e as pessoas se viram contra você, tentando excluí-lo, não se preocupe. Essa não é a sua batalha. Há um Guardião da sua alma. Você tem um protetor, um defensor. Você não precisa lutar. Mantenha a nobreza de conduta e Deus o manterá fora de alcance. Ele o esconderá quando você precisar se esconder. Ele não deixará que a adversidade impeça o seu propósito. Não viva chateado ou com medo, tentando pagar as pessoas na mesma moeda. Deixe Deus ser o seu defensor. Ele sabe como cuidar da oposição.

Saul disse aos homens que traíram Davi para voltar e espiá-lo — estudar seus movimentos e com quem ele estava. Saul estava tão determinado a capturar Davi que fez com que fossem além da conta e fizessem uma vigilância completa. Davi não sabia que os homens locais o haviam traído. Ele achava que estava em um ótimo esconderijo. Mas, na última hora, Davi ouviu que Saul estava se aproximando rapidamente. Dessa vez ele seria capturado. Não havia como escapar. Saul estava bem do outro lado da montanha com todo o seu exército. Era apenas uma questão de algumas horas até Davi ser capturado.

Posso imaginar Davi dizendo: "Deus, não percebi isso antes. Nunca sonhei que aqueles homens se virariam contra mim, mas acredito que o Senhor me resgatará de cada armadilha. Eu sei que mesmo que o problema me cerque, o Senhor me manterá seguro pelo caminho." Quando poderia ter entrado em pânico e desistido, ele continuou agradecendo a Deus pela proteção. Davi continuou agradecendo, pedindo por caminhos abertos onde ele não via caminho algum. Bem quando Saul estava prestes a dar o comando para a última incursão, um homem veio cavalgando, tão rápido quanto podia. Ele tinha uma mensagem urgente para o rei Saul, que dizia: "Volte correndo para casa. Os filisteus estão atacando nossa cidade." Saul cancelou a caçada e disse a seus homens que dessem meia-volta e fossem a toda velocidade lutar contra os filisteus.

Deus tem modos de protegê-lo que você nunca nem sequer imaginou. Ele sabe como distrair seus inimigos. Ele controla o Universo. Você não precisa descobrir como isso acontecerá. Tudo que você precisa fazer é acreditar. "Senhor, obrigado por ser meu protetor. Obrigado por ser meu defensor. Obrigado por abrir meus caminhos." Quando perceber que o Deus Altíssimo o está guardando, você pode dizer com Davi: "Não temerei mal algum. Não temerei a pandemia. Não temerei essa oposição. Não temerei meu futuro." Você pode permanecer em paz, sabendo que o Deus que criou o Universo é o Guardião da sua alma.

Sua Posição de Poder

> *Quando você está em paz, se encontra em uma posição de poder.*

Jesus diz que nos últimos dias haverá epidemias horríveis, terremotos e fome. Mas não entre em pânico nem ceda aos seus medos. Uma epidemia é a propagação mundial de uma doença, como a que experienciamos com o coronavírus. Isso não surpreendeu Deus. Quando você enfrenta dificuldades assim,

Ele nunca o abandona. Escolha viver a partir de um lugar de fé, não um lugar de medo. Quando você está em paz, se encontra em uma posição de poder. Quando você sabe que Deus está no controle, será forte. Sentirá uma força sustentando-o. Mas quando está chateado e com medo, sua energia e motivação serão drenadas, e seu sistema imunológico não será tão eficaz quanto deveria.

Sempre há muita negatividade no mundo. Muitas pessoas estão preocupadas, com medo e em pânico. Todos nós enfrentamos ameaças à nossa saúde e outros desafios que são reais, mas não deixe isso afetá-lo. Um navio não afunda por causa da água ao seu redor. Ele pode estar em um gigantesco oceano, rodeado por milhares de quilômetros de água por todos os lados. A água não é o problema. Mas quando esse navio deixa entrar aquilo que está do lado de fora, isso é um problema. Isso significa que você não pode assistir ao noticiário todos os dias e permanecer boiando, digamos assim. Se você absorve notícias negativas com frequência, irá afundar. Eu gosto de assistir ao noticiário. É importante ficar informado. Mas depois de quinze minutos, eu sei o que preciso. Se você deixar a televisão ligada o dia todo, vai levar seis semanas para sair desse buraco. Desligue isso e ligue-se ao que Deus tem a lhe dizer. Não deixe entrar o que está do lado de fora.

A Bíblia diz: "Tudo o que for verdadeiro, tudo o que for nobre, tudo o que for correto, tudo o que for puro, tudo o que for amável, tudo o que for de boa fama, se houver algo de excelente ou digno de louvor, pensem nessas coisas." Encontre algo para assistir que seja revigorante, algo inspirador. Pense em coisas que fortalecerão a sua fé. Não ligue para familiares e amigos para falar sobre a desgraça e a melancolia e como as coisas estão ruins. Isso está envenenando o seu espírito. Você está alimentando seu eu interior com aquilo que absorve. Se absorver apenas a negatividade, isso o puxará para baixo. Uma das melhores coisas com as quais você pode se alimentar é o que Deus diz sobre você. "Senhor, obrigado por meus últimos dias serem melhores do que os anteriores. Obrigado por ter começado em minha vida o que o Senhor terminará. Obrigado por ser o Guardião da minha alma."

Fique no Lugar Secreto

Quando eu comecei a celebrar cultos, em 1999, era tudo muito novo para mim. Eu estive nos bastidores cuidando da produção durante dezessete anos. De repente, fui jogado na frente de milhares de pessoas. Nunca pensei que a igreja cresceria e pessoas em todo o mundo assistiriam. Então, com o crescimento e a fama, veio a oposição de pessoas que trabalharam para nós. Além disso, eu tinha a pressão de aprender a ministrar um culto. Eu não tinha certeza de que era bom nisso. Em um dado momento, me senti sobrecarregado. Parecia que existia oposição de todos os lados. Eu não sabia como as coisas funcionariam.

> *O que você não pode ver é o Guardião da sua alma protegendo-o.*

Então, no meio de toda aquela pressão, certa noite eu tive um sonho. Ele era tão vívido que posso lembrar como se fosse ontem. Eu estava correndo por um campo o mais rápido que podia. Aviões voavam baixo, logo acima de minha cabeça, despejando bombas ao meu redor.

Era como se tivesse saído de um filme de guerra. Eu podia ver as bombas caindo muito perto e, quando elas explodiram, eu me encolhia e esperava os estilhaços me atingirem. Uma bomba caiu a cinco metros de distância e a explosão foi ensurdecedora. Quando veio a queda, eu sabia que seria o fim. Estava esperando a morte. Mas toda vez que uma explodia, de algum modo os estilhaços não me atingiam. Aconteceu quatro ou cinco vezes durante o sonho. Eu estava maravilhado por ainda estar vivo.

Em meu sonho, depois das bombas, acabei correndo em direção a uma pequena casa. Estava com muito medo e me escondi em um dos quartos. Eu podia ouvir os soldados correndo por perto e tinha esperanças de que eles não confeririam a casa. Estava orando para que eles continuassem em frente, mas meu pior pesadelo se tornou realidade. Eles irromperam pela casa, procurando por mim. Eles tinham as armas empunhadas e eu estava bem na frente deles. Eu pensei: *É isso. Eles me encontraram. É o fim.* Os soldados me olharam, então deram meia-volta e foram embora. Era como se eu fosse invisível. Quando acordei, ouvi Deus dizer em meu espírito: "Joel, as coisas podem explodir ao seu redor, mas eu o tenho na palma das Minhas mãos. Acredite em Mim e nenhuma arma forjada contra você prosperará."

Agora, quando as coisas acontecem contra mim e eu começo a ficar preocupado ou com medo, apenas me lembro de que Deus é o Guardião da minha alma. Ele tem uma cerca de proteção ao meu redor. É uma linhagem que o inimigo não pode atravessar. Pode parecer como se bombas estejam explodindo ao seu redor — coisas que deveriam parar seus negócios, prejudicar sua família ou afetar a sua saúde. Não se preocupe. Não será como parece. Essas bombas não o derrubarão. Elas podem ser barulhentas e pode parecer que você está acabado. O que você não enxerga é o Guardião da sua alma protegendo-o. Ele o resgatará de cada armadilha. Deus sabe como torná-lo invisível aos inimigos. O mesmo Deus que fez olhos cegos enxergarem pode fazer olhos que enxergam ficarem cegos. Ele tem todos os meios de protegê-lo.

Foi isso que aconteceu com o profeta Eliseu em 2 Reis 6. O exército sírio havia cercado a casa de Eliseu. O rei sírio estava chateado porque Deus sempre dizia a Eliseu o que os sírios fariam. O que eles conversavam em segredo, Deus revelava a Eliseu. Desse modo, os israelitas estavam sempre um passo à frente. Quando o rei sírio descobriu que Eliseu era o informante, ficou furioso; enviou um grande exército para capturá-lo. Quando Eliseu os viu chegando, disse: "Fere estes homens de cegueira", e Deus assim o fez. Eliseu foi encontrá-los e disse: "Este não é o caminho nem esta é a cidade que procuram. Sigam-me, e eu os levarei ao homem que vocês estão procurando." Eles não sabiam que era Eliseu. Ele guiou o exército sírio até o meio do acampamento israelita, então orou: "Senhor, abre os olhos destes homens para que possam ver." Quando eles perceberam onde estavam e como haviam sido capturados, quase desmaiaram.

Deus tem maneiras de protegê-lo que você nunca sequer imaginou. Ele pode torná-lo invisível a um vírus, a uma pessoa que está tentando pará-lo, à oposição. Você não precisa descobrir tudo. Tudo o que você precisa fazer é permanecer no lugar secreto. Fique perto de Deus. Continue agradecendo a Ele pela proteção, pela defesa, por Ele ser o Guardião da sua alma.

O *Guardião da Sua Alma* 49

Seja Intocável

Eu li sobre um pequeno peixe conhecido como Sola de Moisés, um pequeno linguado que nada nas mesmas águas do Mar Vermelho que grandes tubarões. Os tubarões costumam gostar de comer esse tipo de peixe. No começo dos anos 1970, um grupo de pesquisadores percebeu algo fascinante sobre esse pequeno peixe: todos os outros que eram mais ou menos do mesmo tamanho e peso estavam sendo devorados pelos tubarões, mas não o Sola de Moisés. Isso acontece porque ele tem um mecanismo de defesa muito característico. Quando está em qualquer tipo de perigo, suas glândulas naturalmente secretam toxinas venenosas. Essas toxinas literalmente fazem com que as mandíbulas dos tubarões travem quando estão prestes a fechar a boca para devorar o peixe. Eles mostram uma foto desse pequeno peixe nadando bem no meio da boca de um tubarão. O tubarão obviamente havia chegado para matar e tudo que precisava fazer era fechar a boca, e lá estaria o seu jantar. Mas o tubarão não conseguia fazer isso. Deus colocou algo nesse pequeno peixe para protegê-lo. Enquanto o tubarão estivesse por perto, sua mandíbula permaneceria travada.

> *A fala negativa é como uma isca. Ela atrai o inimigo.*

Assim como aconteceu com esse pequeno peixe, Deus colocou algo em você que impedirá o inimigo de derrotá-lo. Aquilo que você está enfrentando pode parecer maior, mais forte e mais poderoso. Não se preocupe. Seja lá o que for, não pode tocá-lo. Deus tem uma cerca de proteção ao seu redor. O modo pelo qual você solta as toxinas que paralisam a mandíbula do tubarão, digamos assim, é agradecer a Deus. Toda vez que você diz "Senhor, obrigado por ser meu escudo. Obrigado por ser meu defensor. Obrigado por ser o Guardião da minha alma" são liberadas toxinas que paralisam o inimigo.

Não ande por aí verbalizando seus medos. "Joel, estou preocupado com o vírus. Estou com medo do meu filho sair dos trilhos. Meu negócio vai rolar ladeira abaixo." A fala negativa é como uma isca. Ela atrai o inimigo. Fará as coisas piorarem. O jeito de ativar a proteção de Deus é com palavras imbuídas de fé. Pense no momento em que aquele pequeno peixe está na boca do tubarão. Sua pressão não sobe. Ele não liga para a emergência. Não fica deprimido e pensa que é o fim. Ele apenas segue em frente. Ele sabe que há algo especial — que Deus ordenou das fundações do mundo que ele seria protegido daqueles inimigos. Então ele apenas descansa no Deus que o fez desse modo.

Fixe isso em seu espírito: o Altíssimo é o Guardião da sua alma. Ele colocou algo em você que o faz intocável ao inimigo. Você não precisa andar por aí preocupado, com medo, imaginando como as coisas acontecerão. Viva a partir de um lugar de paz, um lugar de fé, sabendo que seu Deus Guardião o observa. Se você fizer isso, Deus prometeu que Ele o resgatará de cada armadilha, o protegerá de cada praga e o fará invisível ao inimigo. Porque Deus é seu refúgio, o mal não poderá chegar perto, e quem o prejudicaria não poderá atravessar a porta. Você é intocável.

CAPÍTULO QUATRO

Em Paz Consigo Mesmo

Todos nós cometemos erros e fazemos coisas que sabemos que não deveríamos fazer. É fácil andar por aí abatido, sentindo-se mal consigo mesmo. Mas viver com culpa não traz nada de produtivo. Isso não o ajuda a ser melhor; pelo contrário, faz com que tenha mais dificuldades. A culpa o drena emocionalmente. Ela vai desgastá-lo fisicamente. Quando nos sentimos culpados, não vamos atrás dos nossos sonhos. Não acreditamos que podemos superar desafios. Ficamos presos.

É por isso que o inimigo trabalha em hora extra nessa área. Ele sabe que a culpa o manterá afastado do seu destino. Não há nada que ele adoraria mais do que você passar a vida contra você mesmo, focando suas falhas e sentindo-se indigno. Ele é chamado de "o acusador da irmandade". Ele o lembrará de tudo que você fez de errado nos últimos trinta anos. Antes que possa sequer levantar da cama de manhã, seus pensamentos repetirão erros que você cometeu — como você não estava ao lado dos seus filhos, como perdeu controle das emoções, como cedeu às tentações. Aqui está o ponto-chave: o momento em que você pediu o perdão de Deus, Ele não apenas o perdoou, mas também não se lembra mais dos seus pecados. Isso significa que se uma voz está trazendo à tona coisas negativas do seu passado, isso não é Deus. Isso é o acusador tentando enganá-lo para carregar um fardo pesado de culpa. Faça um favor a si mesmo e diga: "Não, obrigado. Não sou perfeito, mas fui perdoado." Você não pode trazer as falhas de ontem para hoje e ter uma vida vitoriosa. Deixe isso para trás. A misericórdia de Deus se renova toda manhã. Não gaste nem mais um minuto se colocando para baixo, vivendo arrependido. Deus o perdoou, então por que você não se perdoa? Deus não o está puxando para baixo, então por que você não para de se colocar para baixo?

> *Você não pode trazer as falhas de ontem para hoje e ter uma vida vitoriosa. Deixe isso para trás.*

Seja Corajoso como um Leão

A Bíblia fala como Deus o fez justo. *Justo* significa "ser sagrado, sem culpa, honrado". O significado da palavra não diz que você será justo um dia quando se sair melhor ou quando controlar suas emoções. Você é justo agora — não pelo que você fez, mas pelo que Cristo fez. Você não pode fazer nada para se tornar mais justo. Na verdade, a Bíblia diz que todos os nossos atos de justiça são como trapo imundo, significando que nunca podemos ser bons por conta própria. Não importa o quanto tentemos fazer o que é certo ou o quanto formos disciplinados, haverá momentos em que falharemos.

O apóstolo Paulo diz no livro dos Romanos: "A dádiva da justiça é de todos que a recebem." Ao se enxergar como indigno, sem merecimento, como alguém que não é bom o bastante, o problema é que você não está recebendo a dádiva. O acusador dirá que você cometeu muitos erros, falhou muitas vezes e nunca fará as coisas certas. Deus diz: "Você é meu filho sagrado, justo, sem culpa, honrado, ungido e incrível." Em quem você vai acreditar? Você vai deixar o acusador enganá-lo, fazendo-o carregar a culpa por aí e agindo contra si mesmo? Comece a receber a dádiva.

> *Em quem você vai acreditar?*

Quando aquelas vozes o lembram de tudo que você não é e de quantas vezes você falhou, uma das melhores coisas que se pode dizer é: "Eu sou justo. Sou sagrado. Não tenho culpa. Sou honrado." Tudo em sua mente dirá *não, não é. Você tem um vício. Você continua a ceder à tentação. Você cometeu esses erros.* Mas quando você declara "eu sou justo", está anunciando para cada força que tenta pará-lo, anunciando para o acusador, para a raiva e o abatimento: "Você não controla minha vida. Você não determina meu destino. Você não pode impedir meu propósito. O Criador do Universo me fez justo. Ele me fez sagrado e sem culpa." O que você está fazendo? Você está recebendo a dádiva da justiça.

Provérbios 28:1 diz: "Justos são corajosos como o leão." Quando o assunto é justiça, você precisa ser corajoso. Seus próprios pensamentos dirão *você é culpado. Deus não está feliz contigo.*

Como poderia estar? Olhe para o que você fez. Olhe para seus erros. A culpa e a condenação baterão na sua porta. Se está incerto e com dúvidas, a intimidação e a culpa tomarão conta. É nessa hora que você precisa ser corajoso. "Eu posso não me sentir digno, mas sei que Deus me fez digno. Eu não me sinto justo, mas, Pai, pela fé, eu recebo a Sua dádiva. Obrigado por me fazer justo."

"Bem, Joel...", você diz. "Eu sou apenas um velho pecador salvo pela graça." Não, você costumava ser um velho pecador, mas quando entregou sua vida a Cristo, se tornou uma nova criação. Agora você não é um velho pecador — você é um filho ou filha do Deus Altíssimo. Você é uma pessoa sagrada, justa, livre de culpa e honrada. Você pode estar carregando por aí um fardo de culpa, mas pode deixar o fardo bem onde está. Você pode estar se sentindo pesado com arrependimentos e um sentimento de não ser digno, mas livre-se disso agora. Você pode fazer uma troca. Se abandonar a culpa, os arrependimentos, a falta de valor, Deus lhe dará Sua justiça.

Deixe os Pesos de Lado

Às vezes parece que estamos carregando várias sacolas pesadas por aí. Em todo lugar que vamos, elas pesam. Antes de sair de casa, pegamos uma sacola de culpa. Então enchemos outra sacola com todos os erros que já cometemos, tudo que fizemos de errado. Só que são tantos erros, que não cabem em apenas uma sacola, então começamos a encher outra. Essa sacola ainda tem espaço, então adicionamos uma longa lista de arrependimentos. "Eu deveria ter criado meu filho melhor. Deveria ter concluído a escola. Gritei com meu colega de trabalho ontem.

Deixe-me adicionar esse arrependimento na sacola. Perdi o controle das emoções no trânsito semana passada. Preciso de uma sacola nova para como eu trato meu cônjuge." Vivemos carregando todas essas bagagens e nos perguntamos por que andamos mancando. Nós nos perguntamos por que a vida é tão difícil, por que estamos cansados, por que não conseguimos realizar um sonho. É porque estamos carregando coisas que nunca fomos projetados para carregar. Você não foi criado para viver com culpa, para ter uma voz insistente sempre dizendo "há algo de errado contigo. Você não merece ser feliz". Esses são pesos que o acusador usa para tentar mantê-lo afastado do seu destino. Se ele não puder tirar você do caminho, ele pelo menos tentará deixá-lo pesado para que não consiga ir tão longe quanto deveria.

A Bíblia nos diz "livremo-nos de tudo o que nos atrapalha". É fácil carregar pesos. Você está carregando pesos de culpa? Pesos de vergonha? Pesos de arrependimento? É hora de deixá--los de lado. É hora de se livrar dessa bagagem. A maioria das companhias aéreas permite duas bagagens por cliente, mas precisamos ter uma regra muito rígida sobre a culpa: nenhuma bagagem de culpa por cliente. Este é um novo dia, e Deus quer que você fique mais leve depois de ler isto. O acusador o atrasou por tempo demais. Nada que você tenha feito no passado

> *Vivemos carregando todas essas bagagens e nos perguntamos por que andamos mancando.*

é demais para a misericórdia de Deus. Acredito que as correntes estão sendo quebradas e as fortalezas estão caindo. Você está redimido. Você está restaurado. Você é sagrado. Você não tem culpa. Livre-se dela. Livre-se das vozes acusatórias e receba a dádiva da justiça.

Quando nossos filhos eram jovens, eu os levava com frequência a uma loja de brinquedos. Não precisava ser uma ocasião especial. Eu apenas gostava de comprar coisas para eles. Eu dizia: "Vamos lá, Jonathan. Vamos lá, Alexandra. Vamos à loja de brinquedos!" Jonathan nunca disse: "Não, pai. Não mereço ir. Não arrumei o quarto ontem. Joguei comida na minha irmãzinha." Nada disso vinha à sua mente. Ele simplesmente dizia: "Sim, pai. Estou pronto. Vamos!" As crianças sabem como receber uma dádiva. Elas não começam a debater se merecem ou não. Elas fizeram por merecer? Elas foram boas o

> *As crianças sabem como receber uma dádiva. Elas não começam a debater se merecem ou não.*

suficiente? Não, elas apenas recebem como uma dádiva. Como uma criança, você precisa receber a dádiva da justiça. Não comece a pensar em tudo que você fez ou não fez, tentando descobrir se merece de verdade, se é bom o suficiente. Você não deve merecer. Você nunca será bom o suficiente. É uma dádiva. Apenas receba.

O Preço Já Foi Pago

Às vezes achamos que precisamos retribuir a Deus por nossos erros e tentamos fazer isso ao ficar para baixo e desencorajados, em uma tentativa de mostrar a Ele que sentimos muito, que estamos arrependidos. É claro que deve existir convicção e arrependimento genuíno quando fazemos algo de errado. Não estou dizendo para fazer tudo que quiser e nunca se sentir mal por isso. A questão é que, assim que pedir perdão, não é preciso retribuir a Deus. O preço já foi pago. Mas quando você vive sentindo culpa, está praticamente dizendo que o sacrifício que Cristo fez não foi o suficiente. Você está dizendo: "Deixe-me adicionar algo a isso. Deixe-me fazer a minha parte pagando algum tipo de penitência pelos erros que cometi." Viver com culpa e condenação não traz nenhuma honra a Deus. Depois de tudo que Cristo fez para pagar o preço, se quiser honrar a Deus, livre-se da culpa. Pare de ouvir as vozes acusadoras e siga em frente com sua vida.

O profeta Isaías diz: "Deus não se lembrará mais dos seus pecados." Deus é onisciente. Ele sabe de tudo que aconteceu no passado, o que está acontecendo no presente, e o que acontecerá no futuro. Mas quando pedimos a Deus para nos perdoar, esse Deus onisciente e todo-poderoso, de certa forma, sai do personagem e diz: "Vou apagar aquele evento. Não vou manter nenhum registro dele." Ele escolhe não lembrar. Se Deus esquece, por que você não? Se Deus deixa passar, por que você não deixa? Conheço pessoas que pedem a Deus para perdoá-las pela mesma coisa ano após ano, por algo que fizeram vinte anos atrás. Elas não percebem que, na primeira vez em que pediram a Deus por perdão, Ele não apenas as perdoou, como também se esqueceu dos seus erros. Quando você traz o assunto à tona, é como se Deus estivesse dizendo: "Do que você está falando? Não me lembro desse erro. Não me lembro do fracasso. Não me lembro de quando você cedeu à tentação."

Pare de se lembrar do que Deus já esqueceu. Pare de dizer a Ele como você é mau e como errou. Ele o perdoou por perder o controle das emoções há muito tempo, quando você pediu perdão pela primeira vez. Continuar falando disso está apenas fazendo com que você se sinta mais culpado, condenado e mal consigo mesmo. Em vez de pedir perdão pela mesma coisa, comece a receber a misericórdia de Deus. A misericórdia cobre nossos erros. A misericórdia dá aquilo que você não merece. Você era culpado. Foi culpa sua. Você merece julgamento. Mas a misericórdia diz que você está perdoado, redimido, restaurado. Quando se sentir tentado a pedir perdão pela mesma coisa, apenas mude o pensamento e diga: "Pai, agradeço ao Senhor por Sua misericórdia em minha vida."

> *A misericórdia cobre nossos erros. A misericórdia dá aquilo que você não merece.*

Volte para o Jogo

Foi isso que Jonas teve que fazer. Ele havia acabado de cometer um dos maiores erros de sua vida. Deus disse a ele que fosse para a cidade de Nínive e falasse às pessoas para se arrepender, mas Jonas seguiu em outra direção e quase perdeu a vida. Ele passou três dias na barriga de um grande peixe. Quando aquele peixe finalmente o cuspiu para fora, em terra firme, é de se imaginar que Deus diria: "Jonas, você precisa sentar no banco de reservas e pensar no seu erro. Você precisa pagar uma penalidade por aquele erro. Talvez um dia eu o use de novo. Talvez um dia eu lhe darei outra chance de ser um profeta." Mas assim que Jonas estava em terra firme, assim que estava seguro, a Bíblia diz: "A palavra do Senhor veio a Jonas pela segunda vez com esta ordem: vá à grande cidade de Nínive e pregue contra ela a mensagem que eu lhe darei." Deus estava praticamente dizendo: "Jonas, você cometeu um erro. Saiu do caminho, mas se arrependeu. Pediu perdão, agora volte para o jogo. Você não precisa ficar sentado por uma semana, um mês ou um ano, se sentindo derrotado. Eu o perdoei. Agora vá e faça o que Eu disse."

Muitas vezes categorizamos nossos erros em diferentes graus. Se for um erro que consideramos pequeno, pensamos que temos que retribuir a Deus ao ficarmos para baixo e desencorajados por um ou dois dias. Se for um erro medíocre, aumentamos o período de arrependimento para uma semana ou duas. Mas se for algo muito grande, como o que Jonas fez, quando fizemos algo muito ruim e criamos problemas para nós mesmos, pensamos que é preciso abrir mão da alegria, da paz e dos nossos sonhos por pelo menos um ano ou dois. Afinal, foi nossa culpa. Mas, assim como foi com Jonas, Deus não nos diz: "Vá se sentar no banco de reserva e pense muito bem no que você fez. Você estragou tudo. Causou muitos problemas para Mim. Não quero saber mais de você por anos." Deus não é assim.

Mas o acusador fará hora extra dizendo: "Deus não o abençoará. Você não pode esperar a graça Dele. Não espere conseguir realizar qualquer sonho. Você deve muito a Deus por aquele erro." Não, o preço já foi pago por Cristo. Não acredite nessas mentiras. Tenho certeza de que Jonas pensou: *Deus, ouvi o Senhor direito? Quer dizer que o Senhor ainda quer que eu vá a Nínive e diga a eles para se arrepender? Eu acabei de me arrepender. Acabei de sair do peixe que o Senhor enviou para me salvar. Eu não deveria ser deixado de lado por um mês e mostrar como sinto muito? Não deveria esperar por pelo menos um ano e provar ao Senhor que farei o que é certo?* Deus disse: "Não, Jonas. Eu tenho algo para você fazer agora. Tenho uma missão para você, mas não posso usá-lo para falar por Mim enquanto estiver se sentindo abatido pela culpa e condenação. Livre-se da culpa e vá até Nínive."

Do mesmo modo, Deus não pode usá-lo do jeito que Ele deseja caso você esteja vivendo com culpa, se sentindo condenado e se colocando para baixo. Não somos boas testemunhas. Não seguimos sonhos. Não nos entregamos à Sua providência. Deus precisa que você seja confiante, seguro e que se sinta bem consigo mesmo. Ele tem uma missão para você. Pode imaginar como era quando Jonas andou pelas ruas da grande cidade de Nínive e disse a eles que se arrependessem? Cada voz sussurrou em seus ouvidos: "Jonas, você é um hipócrita. Você se arrependeu há apenas dois dias.

> *Jonas teve que fazer o que todos precisamos fazer; ignorar as vozes acusadoras.*

Não é melhor do que essas pessoas. Você não tem o direito de dizer uma única palavra a ninguém." Jonas teve que fazer o que todos precisamos fazer; ignorar as vozes acusadoras. Ele se livrou da culpa e recebeu a dádiva da justiça. Deus iria destruir a cidade de Nínive, mas porque Jonas disse a eles que se arrependessem, porque ele não sentou no banco de reserva tentando retribuir Deus por seu erro, a cidade inteira se arrependeu. Então Deus, em Sua misericórdia, mudou de ideia e poupou mais de 100 mil vidas.

Você está deixando um erro que cometeu ou uma falha pessoal convencê-lo de que Deus não quer mais saber de você? Está pensando que talvez um dia Ele o usará, talvez um dia Ele o ajudará a alcançar um sonho? Deus está dizendo o que Ele disse a Jonas: "Volte para o jogo. Recupere sua paz. Eu tenho algo para você agora. Aquele erro não impediu seu destino. Você não precisa sentar no banco de reservas da vida. Comece a seguir adiante."

Às vezes, quando crianças pequenas estão se comportando mal, os pais lhes dão um castigo. A criança precisa ficar sentada sozinha por alguns minutos, sem poder brincar nem se divertir. Pensamos que, quando cometemos erros, certamente Deus deve nos deixar de castigo. Dependendo da gravidade do erro, mais tempo pensamos que precisamos ficar de castigo. Pensamos que Deus teria dito: "Jonas, isso foi um grande erro. Você Me causou muitos problemas. Isso vale um castigo de cinco anos. Vejo você no futuro." Quando você perde o controle das emoções, isso não está no mesmo nível do que Jonas fez, mas você pensa que merece um castigo de pelo menos três semanas para se sentir culpado e condenado. Quando você cede à mesma tentação pela quarta vez em um mês, isso equivale a um castigo de um ano. Mas, assim como foi com Jonas, Deus não tem castigos. Ele nos corrige como Seus filhos, então nos coloca no caminho correto e diz: "Siga em frente." Agora, esse momento é quando você precisa ser corajoso, porque os pensamentos dirão: "Você sabia a coisa certa, mas fez a coisa errada. Deus não vai abençoá-lo." Apenas diga: "Não, obrigado. Eu pedi perdão. Recebi a misericórdia de Deus. Não viverei condenado e me colocando para baixo. Continuarei a seguir em frente. Eu sei que tenho um destino a realizar."

Mais uma Chance

Na Bíblia, o nascimento de Sansão foi previsto pelo Anjo do Senhor, que disse à sua mãe que ela teria um filho, e que ele seria um libertador e faria coisas incríveis. Sansão começou bem. Ele recebeu uma força sobrenatural e não podia ser derrotado pelos inimigos. Mas ele abaixou sua guarda e começou a se expor demais. Uma coisa levou a outra, e ele cometeu muitos erros. Esse homem que já foi poderoso e influente acabou perdendo sua força e sendo capturado pelos inimigos. Eles arrancaram seus olhos, colocaram-no na prisão, e ele passou seus dias no moinho. Tenho certeza de que o acusador lhe disse: "Sansão, você estragou tudo. Até os anjos disseram que você faria algo incrível, mas olhe para si mesmo agora. Está mais pior do que um escravo. Está acorrentado, trabalhando como um boi no moinho. Deveria se sentir culpado." É de se imaginar que, por causa de todas as suas más escolhas, Deus estaria farto dele. Afinal, Sansão sabia o que deveria ter feito. Ele era culpado. Mas Deus nunca desiste de nós. Todos esses erros não precisam anular seu destino. Não acredite nessas mentiras de que você já desviou muito do caminho, que já cometeu muitos erros.

Um dia, os captores de Sansão estavam fazendo uma grande recepção em seu templo. Muitos milhares de pessoas estavam lá, e eles trouxeram Sansão, para zombarem dele. Enquanto ele estava sendo zombado e ridicularizado, pediu a um menino para colocar as mãos do homem em duas grandes colunas que sustentavam o templo. A Bíblia diz que Sansão orou: "Ó, Soberano Senhor, lembra-te de mim! Ó, Deus, eu te suplico, dá-me forças, mais uma vez." Deus deu a Sansão sua força de volta, e ele foi capaz de empurrar as colunas, e o prédio inteiro desabou sobre as pessoas que estavam nele. Sansão derrotou mais inimigos em sua morte do que havia feito durante a vida.

Você pode ter cometido erros, mas o acusador está dizendo que você foi vencido. Mas, assim como foi com Sansão, Deus tem mais uma chance para você. Você ainda não viu suas maiores vitórias. Ainda não cantou sua melhor canção, ainda não escreveu seu melhor livro e ainda não jogou sua melhor partida. Você não estaria vivo a não ser que Deus tivesse algo incrível à sua frente. Agora a questão é: você voltará para o jogo? Recuperará sua vitalidade, sua paixão, seus sonhos? A vida é muito curta para andar por aí se colocando para baixo. Você pode ter cometido erros. Todos cometemos. Deus está dizendo: "Você está perdoado." Já que Ele o perdoa, por que você não se perdoa? Enquanto você estiver se martirizando, revivendo fracassos, remoendo decepções, se manterá afastado da sua pró-

> *Enquanto você estiver se martirizando, revivendo fracassos, remoendo decepções, se manterá afastado da sua próxima chance.*

xima chance. Livre-se disso. Hoje é um novo dia. É hora de dizer adeus à culpa, à condenação e ao abatimento.

Romanos 8 diz: "não há condenação para os que estão em Cristo Jesus", e aqui está o ponto-chave: "que não andam segundo a carne, mas segundo o espírito". Quando você comete um erro, se vive segundo a carne, se colocará para baixo e se sentirá indigno. Tentará retribuir Deus se diminuindo e se desencorajando. Quando você faz isso, se sente culpado e condenado. Mas quando se vive de acordo com o Espírito, você diz: "Sim, cometi um erro. Foi minha culpa. Mas pedi a Deus por perdão e sei que Ele não apenas me perdoou, como também não se lembra do pecado. Então não ficarei me diminuindo. Estou dizendo adeus à culpa. Estou dizendo *adiós* à condenação. Estou ignorando as vozes acusadoras e estou me preparando para minha próxima chance." É assim que não há mais condenação, que você não fica remoendo suas derrotas, que você não acredita nas mentiras do acusador. Você pode ter cometido erros. Assim como Sansão, você se desviou do caminho, mas não é assim que sua história termina. Se você se livrar da culpa, Deus tem mais uma chance para você. Ele tem algo maior e mais recompensador do que você jamais imaginou.

Use um Adesivo "Não Contém Culpa"

Aprendi que só porque você se sente culpado não significa que é. Você não pode se guiar pelos seus sentimentos. Eles nem sempre dizem a verdade. Posso não me sentir perdoado, mas sei que fui perdoado. Posso não me sentir sagrado, e sei que não me comporto perfeitamente bem o tempo inteiro, mas também sei que sou sagrado, justo, sem culpa e honrado. Você pode perguntar: "Bem, Joel, como posso dizer isso?" Você pode dizer isso porque recebeu a dádiva da justiça.

A Bíblia nos diz para resistir ao inimigo. *Resistir* significa não concordar com o que ele está dizendo. Quando ouvi-lo sussurrar "você está acabado. Você falhou vezes demais. Cometeu erros demais", o modo pelo qual você resiste é respondendo "não, obrigado. Eu sei que meus melhores dias ainda estão por vir. Sei que a misericórdia de Deus é maior do que qualquer erro". Não ajude o inimigo; resista a ele. Ele dirá: "Você não merece ser abençoado. Olhe o que você fez." Em vez de ajudá-lo ao dizer "sim, você está certo. O que eu estava pensando?", resista, declarando "eu sou a justiça de Deus. Eu estou perdoado. Eu fui redimido". Quando o inimigo diz do seu passado: "Bem, você falhou, estragou tudo. Você sabia o que devia fazer e deveria ter feito melhor", fale com ele do seu futuro: "Os planos de Deus para mim são para o bem. O caminho dos justos, meu caminho, fica cada vez mais brilhante. Sei que minha próxima chance está chegando. Até lá, estou vivendo em paz e sem culpa."

Na embalagem da minha batata favorita há um adesivo que diz "não contém glúten". Você precisa ter um adesivo imaginário em você com os dizeres "não contém culpa", "não contém condenação" ou "não contém abatimento". Quando o acusador tentar descarregar o fardo da culpa em você, apenas mostre a ele seu adesivo. "Desculpa, não contenho culpa. A condenação não é aceitável aqui." Quando você pegou este livro, pode não ter percebido, mas entrou em uma área livre de culpa. Você está em um lugar justo, sagrado, honrado e cheio de esperança, um lugar de mais uma chance.

Você está carregando alguma culpa que o está deixando para baixo? Está ajudando o acusador ao acreditar em suas mentiras? É hora de começar a

> *Quando o acusador tentar descarregar o fardo da culpa em você, apenas mostre a ele seu adesivo.*

resistir a ele, começar a acreditar no que Deus diz sobre você. Todos nós cometemos erros, mas lembre-se de que você não precisa retribuir a Deus. O preço já foi pago. Estou pedindo que você receba o perdão e a misericórdia Dele. Você já tem problemas o suficiente na vida, então não seja seu próprio antagonista. Se fizer isso, eu acredito e declaro que os pesos e a condenação estão saindo dos seus ombros agora. Você viverá uma vida sem culpa, confiante, segura, sagrada, justa e honrada, em nome de Jesus.

CAPÍTULO CINCO

Deus Cuidará Disso

Todos passamos por coisas ruins. É fácil andar por aí apreensivo, imaginando como as coisas acontecerão. E se o exame médico não for bom? E se minhas finanças não melhorarem? E se meu filho não for aceito naquela escola? Tentamos fazer dar certo, demos o nosso melhor, mas não vemos nada mudar. Se não formos cautelosos, viveremos preocupados e desencorajados, sem esperar que as coisas melhorem.

Mas há uma frase simples que você precisa manter em seu espírito: *Deus cuidará disso*. Ele está no trono. Ele vê o que está acontecendo. Ele já tem a solução. Você não precisa se virar sozinho. Pode não existir uma resposta lógica. Naturalmente, você não enxerga um caminho. Tudo bem, porque servimos a um Deus sobrenatural. Ele possui meios de fazer as coisas que jamais podemos imaginar. Em vez de tentar forçar algo a acontecer e viver apreensivo, você precisa deixar isso passar e permitir que Deus tome conta. Quando você se vira para Ele e diz: "Deus, eu sei que o Senhor cuidará disso. O Senhor está no controle", não apenas sentirá o abatimento e o peso se levantarem de seus ombros, mas Deus fará com que aconteçam coisas que você não poderia ter feito acontecer. Algumas das coisas que o estão frustrando e tirando seu sono atualmente mudarão se você assumir essa nova perspectiva de que Deus cuidará de tudo.

Às vezes, tentamos brincar de Deus. Tentamos fazer nosso chefe nos dar uma promoção, ou fazer com que melhoremos, ou fazer o contrato ser assinado. Mas enquanto estivermos tentando forçar isso, vivendo frustrados e preocupados, Deus dá um passo para trás. Você precisa se afastar da questão e dizer: "Senhor, eu sei que Tu cuidarás disso. Não me preocuparei com minhas finanças. Não viverei apreensivo por causa do exame médico. Não ficarei frustrado porque não conheci a pessoa ideal. Senhor Deus, confio em Seu tempo e confio em Seus caminhos. Minha vida está em Tuas mãos."

> Às vezes, tentamos brincar de Deus.

Deus nunca prometeu que não teríamos dificuldades, mas Ele prometeu que nos daria força para cada batalha. Ele diz que pegará o que foi feito para o nosso mal e usará em nosso favor. Você pode ter um bom motivo para se preocupar com algo, seja a sua saúde, suas finanças ou um sonho. Você fez tudo que pôde. As coisas não parecem que darão certo. Mantenha a fé, pois Deus está dizendo: "Eu cuidarei disso. Estou trabalhando nos bastidores. Estou no processo de transformar essas coisas, é só uma questão de tempo antes de você ver tudo mudando a seu favor." Agora viva a partir de um lugar de paz, um lugar de confiança. Pode não acontecer do jeito que você imaginou, mas os caminhos de Deus são melhores do que os nossos. Deus sabe o que é melhor para você. Ele cuidará disso.

Mantenha a Fé

Na Bíblia, um velho sábio chamado Daniel trabalhava para o rei Dario. O rei persa amava Daniel, que era um dos três governadores do reino inteiro. Daniel era tão bom no que fazia que o rei estava pronto para colocá-lo no comando de todo o seu império. Mas quando os outros líderes ouviram isso, ficaram com inveja e armaram um plano para se livrar de Daniel. Quando você é excelente no que faz, quando suas dádivas se mostram de modos grandiosos, não se surpreenda com a inveja alheia. Nem todo mundo vai celebrar suas conquistas. Algumas pessoas tentarão encontrar falhas e atrasá-lo. A boa notícia é que as pessoas não determinam seu destino; Deus é quem faz isso. Continue sendo o seu melhor e deixe Deus lutar suas batalhas. Não fique distraído tentando provar a eles quem você é. Deus será seu juiz. Deus cuidará dos seus inimigos.

> *Quando você é excelente no que faz, quando suas dádivas se mostram de modos grandiosos, não se surpreenda com a inveja alheia.*

Os oficiais superiores que eram contra Daniel tentaram manipular o rei. Eles disseram: "Rei Dario, você é tão incrível! Escrevemos um decreto proibindo que orem para qualquer um a não ser você pelos próximos trinta dias. Se orarem para qualquer outro deus ou homem, serão jogados na cova dos leões." Eles fizeram isso porque sabiam que Daniel sempre orava para Jeová. Eles convenceram o rei a assinar esse decreto, mas isso não mudou Daniel. Três vezes por dia, como sempre havia feito, Daniel abriu as janelas, se ajoelhou e orou para o Deus de Abraão, o Deus de Isaque e o Deus de Jacó. Quando seus inimigos o viram orando, eles correram para contar ao rei: "Daniel, que é um dos aprisionados de Judá, está desafiando a sua ordem." O rei ficou chateado consigo mesmo. Ele percebeu que havia sido manipulado, mas não podia voltar atrás em seu decreto, então mandou que Daniel fosse enviado para a cova dos leões.

O interessante é que, por uma noite inteira, o rei ficou em jejum por Daniel e não conseguiu dormir. Quando se está em uma situação difícil, Deus tem pessoas que você nem imagina orando por você. O rei deveria ser seu inimigo, mas ele estava mantendo a fé na segurança de Daniel.

Quando eles prenderam Daniel e o levaram para a cova dos leões, ele não estava com medo, preocupado ou em pânico. Ele entendeu o princípio de que Deus está no controle. Muitos anos antes, Daniel vira seus amigos hebreus adolescentes, Sadraque, Mesaque e Abede-Nego, serem jogados em uma fornalha ardente e saírem ilesos, sem nem mesmo exalarem cheiro de fumaça. A atitude de Daniel era *Deus cuidará disso. Estou na palma das mãos Dele. Nada pode me tirar delas. Se não for a minha hora de partir, não partirei.* Ele ficou em paz. O apóstolo Paulo diz: "Para mim o viver é Cristo e o morrer é lucro." Ele estava dizendo: "Se eu viver, adorarei a Deus, e se eu não viver, adorarei a Deus. De qualquer modo, manterei a fé, sabendo que Deus cuidará disso." O que você está enfrentando pode ser maior, mais forte e mais poderoso do que você é capaz de suportar, mas quando você se recusa a viver estressado e, em vez disso, fica em paz, agradecendo a Deus por Ele estar no controle, você está mostrando a Deus por meio de suas ações que confia Nele.

As Bocas dos Leões Se Fecham

Naquela noite, quando as autoridades jogaram Daniel na cova dos leões, eles esperavam que ele fosse devorado em poucos minutos. Aqueles eram leões famintos e era isso que sempre acontecia nas outras ocasiões. Mas Deus fechou as bocas dos leões de forma sobrenatural. Por algum motivo os leões devem ter pensado *não estou com fome essa noite. Não tenho vontade de comer.* Um dos leões deve ter dito: "Cara, estou cheio também. Estou com uma indigestão. Vou dormir." Deus fez com que Daniel fosse desinteressante para aqueles leões.

Você já se sentou para comer e, quando olhou para a comida, pensou: *"Não estou com vontade de comer isso?"* Eu costumava adorar tanto sanduíches de atum que eu comia um toda noite. Alguns anos depois que Victoria e eu nos casamos, eu peguei uma virose por alguns dias, e estava quase me recuperando quando Victoria me trouxe um sanduíche de atum. Quando eu senti o cheiro daquele atum, quase vomitei. Pensei *essa é a comida com o pior cheiro do mundo,* apesar de comer aquilo todo dia.

Posso imaginar que quando os leões olharam para Daniel, eles ficaram confusos e pensaram *deveríamos comer este homem. Gostamos de carne no jantar, mas há algo diferente esta noite. Não estamos com o apetite de sempre.* Deus sabe como torná-lo desinteressante ao inimigo. O que normalmente o derrubaria, o que normalmente o derrotaria, por algum motivo não pode mais machucá-lo, não pode parar o seu negócio, não pode tirar a sua saúde. Há uma linhagem, uma linha de sangue que Deus colocou ao seu redor e ao redor da sua família. Deus controla o universo. Ele controla os leões. Ele controla os inimigos. Você não está à mercê de eventos aleatórios, de pessoas querendo fazer o mal ou do azar. Deus tem uma cerca de proteção ao seu redor. Nada pode acontecer sem a permissão Dele. É por isso que não precisamos viver preocupados ou apreensivos. Estamos em um ambiente controlado.

Quando os amigos de Daniel, os adolescentes hebreus, estavam prestes a serem jogados na fornalha ardente porque não se curvaram ao ídolo de ouro do rei Nabucodonosor, disseram: "Sei que nosso Deus nos libertará, mas se Ele não libertar, ainda assim não nos curvaremos." Eles não estavam em pânico. Não estavam chateados ou amargurados. Eles sabiam que estavam em um ambiente controlado. Eles estavam dizendo o que Paulo disse séculos mais tarde: "Se vivermos, adoraremos a Deus. Se não vivermos, iremos ao céu e ainda assim adoraremos a Deus." Eles mantiveram a fé, sabendo que Deus tem a palavra final. Em algum momento, todos morreremos, mas eu já me decidi que morrerei com fé. Morrerei acreditando, esperando, confiando, adorando, sorrindo e com uma boa atitude, sabendo que Deus tem o controle completo. Nada pode arran-

> *Você não está à mercê de eventos aleatórios, de pessoas querendo fazer o mal ou do azar.*

cá-lo das mãos Dele. O número de seus dias, Ele preencherá. Na vida e na morte, temos que saber que Deus cuidará de tudo.

Passe por Isso Ileso

Naquela noite, na cova dos leões, Daniel não estava apreensivo, pensando *cheguei até aqui, mas a qualquer momento esses leões podem se virar contra mim*. Os animais podem perceber quando você está com medo deles. Mas quando está calmo, quando seus ombros estão relaxados e você está confiante, eles sabem que você é a autoridade. Quando vamos caminhar nas montanhas, especialistas em animais dizem: "Se você vir um urso, não saia correndo. Não entre em pânico. Não perca a paz. Fique tranquilo, calmo e prossiga com uma confiança silenciosa." Do mesmo modo, quando enfrentar inimigos na vida — o inimigo da doença, o inimigo do vício, o inimigo da dívida —, eles poderão perceber quando você estiver com medo. Eles ganharão mais terreno. É por isso que a Bíblia diz: "Não dê lugar ao inimigo." Mas quando eles o veem se mostrando forte, agradecendo a Deus quando poderia estar reclamando, sendo bom com as pessoas quando poderia ser amargo, em paz quando poderia estar em pânico, você está enviando uma mensagem em alto e bom som a esses inimigos: "você não tem poder sobre mim. Você não pode me parar. Meu Deus está no controle e, se Ele é por mim, quem será contra mim?"

Posso imaginar que, ao invés de se preocupar, Daniel encontrou um espaço agradável na grama, se deitou e caiu no sono. Cedo na manhã seguinte, o rei veio correndo até a cova dos leões para ver o que havia acontecido. A Bíblia diz que ele gritou angustiado: "Daniel, servo do Deus vivo, será que o seu Deus, a quem você serve continuamente, pôde livrá-lo dos leões?" Perceba como ele se dirigiu a Daniel, que estava na cova porque estava adorando um Deus diferente, ainda assim o rei o chamou de "Daniel, servo do Deus vivo". Até mesmo o rei sabia que havia algo de diferente em Daniel. Quando ele viu Daniel andando entre os leões, ileso, o rei não conseguia acreditar. Ele ficou muito feliz. A Bíblia diz: "Não havia nele nenhum ferimento, pois ele tinha confiado no seu Deus." Coisas incríveis acontecem quando você mantém a fé e confia em Deus. Ele não apenas protegeu Daniel, mas o rei ordenou que os oficiais que haviam conspirado contra Daniel fossem presos e jogados na mesma cova dos leões, mas estes não tiveram a mesma sorte. Antes de atingirem o solo, os leões famintos os devoraram. O rei publicou um novo decreto, que dizia: "De agora em diante, todos em meu reino devem adorar o Deus de Daniel. Ele resgata Suas pessoas. Ele é o Deus vivo."

Eis o ponto-chave: Deus não nos liberta de todas as dificuldades. Na maioria das vezes, Ele nos guia pela dificuldade. A fé de Daniel não o manteve fora da cova dos leões, mas sua fé o blindou contra os leões. Foi isso que o trouxe para fora da cova dos leões. Mas se Daniel ou se aqueles adolescentes hebreus tivessem se preocupado, entrado em pânico e pensado negativamente, talvez o resultado fosse diferente. Talvez não estivéssemos falando deles hoje. Estou pedindo que você pare de se preocupar com o que está enfrentando, pare de perder o sono por causa daquele filho que não

> *Coisas incríveis acontecem quando você mantém a fé e confia em Deus.*

está fazendo o que é certo, pare de se chatear porque alguém lhe fez mal ou porque seu sonho ainda não se realizou. Posso lhe dizer que Deus cuidará disso? Assim como Ele fez por Daniel, abrirá um caminho onde você não enxerga passagem. Como fez para os adolescentes hebreus, Deus o protegerá, o favorecerá e o levará até onde você deveria estar.

Viva a Partir de um Lugar de Paz

Davi diz: "Mesmo quando eu andar por um vale de trevas e morte, não temerei perigo algum." Deus está contigo não apenas no topo das montanhas. Ele está contigo nos vales, quando estiver passando por situações difíceis. Ele sabe o que você está enfrentando. A Bíblia diz que Deus está preocupado com o que o preocupa. Um pardal não cai no chão sem que Deus saiba disso. O quanto Deus está preocupado com o que acontece em sua vida? Acredite Nele. Viva a partir de um lugar de paz. Essa é uma decisão que precisamos fazer todo dia, porque todo dia há algo para se preocupar ou algum motivo para ficar chateado. Ao longo do dia inteiro, mantenha essa frase próxima do seu coração: *Deus cuidará disso*. Ele está preocupado contigo. Está trabalhando em sua vida. Ele está alinhando as pessoas certas. Está organizando as coisas em seu favor. Sua atitude de fé é o que permite que Deus faça coisas incríveis.

Quando nosso filho, Jonathan, estava a caminho do seu primeiro ano na faculdade, nós, como pais, estávamos preocupados com o modo como tudo aconteceria, se ele conheceria as pessoas certas, se entraria nas aulas certas. Já que viajamos muito, nossos filhos foram educados em casa, então ele não estava indo para a faculdade com um monte de amigos e nunca esteve em uma sala de aula grande. Essa faculdade em particular tinha 40 mil estudantes de graduação. Isso poderia tê-lo sobrecarregado. Victoria queria muito que ele conhecesse alguém logo no começo, para que tivesse um ou dois amigos. Quando ela estava na orientação aos pais no campus, conheceu uma senhora que disse que seu filho estava no Departamento de Comunicação, o mesmo de Jonathan. Ela parecia uma senhora agradável e com uma ótima família, então Victoria enviou uma mensagem de texto para Jonathan, que estava na orientação aos estudantes. Ela disse: "Tente encontrar um cara chamado Charlie. Acabei de conhecer sua mãe. Acho que você vai gostar dele." Jonathan leu a mensagem e pensou *há milhares de pessoas em Comunicações, centenas só nessa sala. Como posso encontrá-lo?*

Entrando em uma sala grande para a próxima sessão, Jonathan sentou-se em uma cadeira aleatória. A sala estava lotada de estudantes. Em um dado momento, o instrutor disse que eles usassem um minuto para conhecer algum de seus colegas. Jonathan, de forma muito natural, se virou para o rapaz ao seu lado. Pelo canto do olho, ele podia ver um nome em le-

> *Dos milhares de estudantes, aconteceu de eles se sentarem lado a lado.*

tras pequenas na parte inferior do caderno do rapaz que dizia "Charlie". Jonathan olhou para ele e disse: "Acho que minha mãe me mandou uma mensagem sobre você. Você é o Charlie?" O jovem rapaz ficou confuso e disse: "Sim, o que significa que você deve ser o Jonathan. Minha mãe me mandou uma mensagem sobre você." Dos milhares de estudantes, aconteceu de eles se sentarem lado a lado. Você sabe o que Deus estava dizendo para nós como pais? "Cuidarei disso. Estou no controle. Tomarei conta dos filhos de vocês." Jonathan e Charlie se tornaram bons amigos e, após algum tempo, se sentaram lado a lado na faculdade pela última vez, antes da graduação dos dois. Charlie disse a Jonathan: "Vamos terminar como começamos, um ao lado do outro."

Você está se preocupando com seus filhos, estressado com seu trabalho ou desencorajado por causa de uma decepção, pensando que as coisas não darão certo? Volte àquele lugar de paz. Deus cuidará disso. Ele está guiando seus passos. Ele está trazendo as pessoas certas para o seu caminho e o caminho dos seus filhos. Ele tem a beleza no lugar das cinzas. Neste exato momento, Ele está trabalhando nos bastidores da sua vida. Atreva-se a confiar Nele. Atreva-se a acreditar.

As Vitórias Não São Apenas por Você

Quando nos preocupamos, amarramos as mãos do Deus Todo-Poderoso. Todos enfrentamos situações que são maiores do que nós — um exame médico ruim, a perda de um cliente importante, problemas em um relacionamento. É fácil pensar em todos os motivos pelos quais algo não vai dar certo. Esse é o momento em que você precisa ser assertivo, virar-se para a fé e dizer: "Deus, eu sei que o Senhor cuidará disso. Obrigado por proteger meus filhos. Obrigado por lutar minhas batalhas. Obrigado por curar meu corpo." Quando se sentir tentado a se preocupar, vire-se e agradeça a Deus por Ele estar trabalhando.

Daniel poderia ter dito: "Deus, eu estava fazendo a coisa certa. Estava sendo o meu melhor. Por que isso aconteceu comigo?" Mas, às vezes, Deus permitirá situações difíceis apenas para provar que Ele é Deus. Ele poderia ter mantido Daniel longe da cova dos leões. Ele poderia ter impedido os adolescentes hebreus de caírem na fornalha ardente. Mas Deus permite essas coisas não apenas para mostrar a você, mas para mostrar aos outros, que Ele é Deus.

Quando Davi enfrentou Golias, um gigante com o dobro de seu tamanho, não foi apenas para que Davi pudesse ser promovido; foi para que pudesse ser honrado. Essa vitória foi um sinal aos filisteus, um sinal a todos os seus inimigos, e até mesmo um sinal aos israelitas de que Deus estava no controle, e Suas mãos de graça e bênção estavam sobre eles. Algumas das batalhas que Deus permite em sua vida não são apenas para você, mas também para dar uma declaração às pessoas ao seu redor. Nada fala mais alto do que as pessoas verem a graça em sua vida, quando elas o veem superando obstáculos que deveriam tê-lo atrasado, derrotando gigantes, realizando sonhos quando não se tinha o preparo para tal. Elas saberão que você serve ao Deus vivo e verdadeiro.

> *Nada fala mais alto do que as pessoas verem a graça em sua vida, quando elas o veem superando obstáculos que deveriam tê-lo atrasado, derrotando gigantes, realizando sonhos quando não se tinha o preparo para tal.*

Não apenas isso, mas quando Deus o faz passar pela cova dos leões e pelas fornalhas ardentes, essas vitórias são como combustível para alimentar a sua fé quando você enfrenta outros desafios. Você saberá que, se Deus cuidou de você antes, cuidará de novo. Não fique desencorajado quando enfrentar coisas que não entende, obstáculos que são maiores do que você. Isso é simplesmente uma oportunidade para Deus mostrar a você quem Ele é. Uma coisa é acreditar que Deus tem poder, acreditar que Ele pode fazer o impossível. Isso é bom, mas Deus quer que você faça mais do que só acreditar. Ele quer que você experimente o poder Dele. Ele mostrará Sua grandiosidade, Sua graça.

Rodeado pela Graça

Davi teve muitas coisas acontecendo contra ele — não apenas gigantes e exércitos, mas a própria família. Ele teve muitos motivos para viver preocupado, com medo e amargurado, mas ele diz, no Salmo 27, que "o Senhor é a minha luz e a minha salvação; de quem terei temor? O Senhor é o meu forte refúgio; de quem terei medo? Quando homens maus avançarem contra mim para destruir-me, eles, meus inimigos e meus adversários, é que tropeçarão e cairão. Ainda que um exército se acampe contra mim, meu coração não temerá; ainda que se declare guerra contra mim, mesmo assim estarei confiante." Davi viveu com esta atitude: *Deus cuidará disso. Não ficarei preocupado. Não viverei chateado. Eu sei que Ele é maior do que qualquer obstáculo que estou enfrentando.*

Alguns poucos versos depois, Davi acrescentou: "Pois no dia da adversidade ele me guardará protegido em sua habitação; no seu tabernáculo me esconderá e me porá em segurança sobre um rochedo." É possível que haja inimigos avançando contra você, mas você tem uma vantagem. Deus o colocou fora de alcance. Eles não podem derrotá-lo e não podem mantê-lo afastado do seu destino. Agora faça como Davi fez e continue confiante. Mantenha a sua paz. Pode parecer que você está rodeado por um exército. A verdade é que você está rodeado pela graça de Deus. As forças a seu favor são maiores do que as forças contra você. Davi diz: "Mesmo se atacarem, não ficarei chateado." Você pode ter sido atacado por uma doença, um vício ou uma dívida. Isso é um teste. Você ficará preocupado e viverá com medo? Você pensará *e se não funcionar? Você viu o exame médico? Há 40 mil estudantes, e se meu filho não conhecer a pessoa certa?* Fique em paz. Mantenha a confiança. Deus o ajudou no passado, e Ele o ajudará de novo no futuro. Em poucos versos, Davi diz: "Eu sou confiante e verei a bondade de Deus." Depois de tudo que ele passou, é de se imaginar que ele estaria preocupado e com pensamentos negativos, dizendo: "Deus, onde está o Senhor?" Ele fez o oposto. Sua atitude era *eu sei que verei a bondade de Deus.* Em outras palavras: *"Eu sei que Deus cuidará disso."*

Eu falei com uma senhora recentemente que havia passado por um divórcio e estava carregando toda sua dor e mágoa. Ela nunca pensou que sua vida se transformaria desse jeito e estava confusa e desencorajada, se perguntando por que isso havia acontecido. Um dia, enquanto dirigia seu carro, ela ouviu a voz de Deus: "Eu ainda tenho um bom plano para a sua vida. Deixe o passado para trás. Eu cuidarei disso." Naquele momento, ela tomou a decisão de parar de se preocupar, parar de se colocar para baixo. Ela deixou tudo para trás. De repente, foi como se um peso saísse dos seus om-

> *Deixe o passado para trás.*

bros. Ela recuperou a alegria e a paixão. Agora novas portas estão começando a se abrir, novos relacionamentos, novas oportunidades. Ela está começando a ver a beleza no lugar das cinzas. Tudo aconteceu quando ela mudou sua perspectiva.

Há algo pesando sobre seus ombros hoje? Você está preocupado com uma situação, frustrado com o que não funcionou? Ou talvez você esteja se colocando para baixo porque não está onde achou que estaria. Deus está dizendo a você o que disse a ela: "Cuidarei disso. Não é uma surpresa para Mim. Tenho novos começos. Tenho a cura. Tenho descobertas. Estou pedindo que mude sua perspectiva. Mude para a fé." Aquela situação no trabalho com a qual você está preocupado — Deus cuidará disso. Aquele exame médico que está tirando seu sono — viver estressado com isso não o deixará nem um pouco melhor. Fique calmo e saiba que Ele é Deus. Ele o tem na palma de Suas mãos. Ele cuidará disso. Você pode ter inimigos avançando contra você, mas Deus o colocou fora de alcance como fez com Davi. Ele o blindou contra leões como fez com Daniel. Agora, ao longo do dia, quando se sentir tentado a se preocupar, mantenha esta frase ressoando na sua mente: *Deus cuidará disso*. Ao fazer isso, você verá a bondade de Deus de novas formas. Você sairá da cova dos leões, subirá mais alto, realizará sonhos e se tornará tudo que Deus o criou para ser.

CAPÍTULO SEIS

Isso Já Está Preparado

É fácil andar por aí preocupado com o modo como alcançaremos um sonho, como solucionaremos um problema ou como conheceremos a pessoa certa. Nessas horas, observamos todos os motivos pelos quais não vai dar certo, mas, quando Deus fez o plano da sua vida, Ele alinhou tudo que você precisa para realizar o seu destino — cada momento de boa sorte, cada pessoa, cada solução. Ele não está tentando descobrir como fazer isso. Já está preparado. Ele já preparou a promoção. Ele já preparou a cura. Sabe aquele problema que você pensa que não se resolverá? Ele já preparou a resposta. Nada disso é uma surpresa para Ele. Ele tinha a solução antes de ter o problema. Podem existir coisas com as quais você está sonhando, desejos que Deus colocou em seu coração que parecem impossíveis hoje. Deus não lhe teria dado o sonho sem arrumar um jeito de ele se realizar. Já está no seu futuro, aguardando por você, e se você mantiver a fé e não deixar as vozes negativas desencorajá-lo, alcançará o que Deus já preparou.

Em Lucas 22, a Páscoa estava se aproximando e Jesus estava prestes a ser crucificado. Ele disse a Pedro e João que fossem até Jerusalém antes dele e preparassem o banquete da Páscoa, que agora é conhecido como a Última Ceia. Eles perguntaram para onde deveriam ir. Ele disse que assim que entrassem na cidade, um homem os encontraria carregando um pote de água. Ele os guiaria até uma determinada casa e deveriam perguntar ao dono onde era o quarto de visitas, onde Ele pudesse ter o banquete de Páscoa com Seus discípulos. A Bíblia diz: "Ele lhes mostrará uma ampla sala no andar superior, toda mobiliada." Jesus não disse: "Vá até a casa e diga a eles que Jesus quer organizar um jantar. Rápido, prepare isso. Prepare a comida. Prepare a mesa." Ele disse "já está preparado". Deus já planejou para você, Ele não está pensando em fazer. Não é que talvez um dia isso acontecerá, um dia Ele preparará tudo. Já está preparado. E a boa notícia é que Deus sabe como guiá-lo até lá.

Perceba como Jesus foi detalhado. Ele disse: "Assim que entrar na cidade, você encontrará um homem — não qualquer homem, mas um homem carregando um pote de água. Ele o guiará até uma casa. Diga ao dono o que eu preciso e ele o levará para o andar superior." Foi como um filme. Todos esses detalhes tiveram que se unir exatamente na hora certa. Se o homem na cidade se atrasasse, os discípulos o teriam perdido. Se ele não estivesse carregando um pote de água, eles não saberiam quem seguir. Se ele os levasse à casa errada, nada teria sido preparado. Era a pessoa certa, a casa certa e a hora certa. Tudo se encaixou com perfeição.

O que eu quero dizer? Que Deus não está apenas guiando seus passos estrategicamente, mas está orquestrando tudo ao seu redor. Ele tem as pessoas que você precisa que estarão ao seu lado não apenas para encontrá-lo, mas o guiarão até a sua bênção, à promoção e ao próximo nível. Pedro e João não tiveram que convencer o dono que fosse bom com eles. "Por favor, nos ajude. Jesus quer muito dar um jantar aqui essa noite." O dono estava esperando-os. Ele já sabia que eles chegariam. Ele já havia arrumado a mesa.

> *Era a pessoa certa, a casa certa e a hora certa. Tudo se encaixou com perfeição.*

Deus tem algumas dessas bênçãos já organizadas aguardando você. Ele já falou com as pessoas certas para serem boas contigo. Ele alinhou conexões divinas, pessoas que farão de tudo para oferecer a graça. Você não precisa tentar manipular as pessoas e forçar a abertura de uma porta. Deus já preparou os corações das pessoas ordenadas por Ele para ajudá-lo. Eles terão a mesa já arrumada.

Virá Até Você

Conheço um homem que foi a um departamento governamental pegar alguns papéis que permitiriam o crescimento de seu negócio. O funcionário por trás do balcão não ajudou em nada, foi muito rude e pareceu irritado. Ele coletou os dados do homem, mas lhe disse que eles estavam tão abarrotados que poderia levar cinco anos para a burocracia ser resolvida. O homem ficou muito desapontado, mas ainda assim perguntou gentilmente: "Há algo que você possa fazer para acelerar isso?" O funcionário quase gritou para ele: "Senhor, eu disse que estamos abarrotados! Levará cinco anos." O homem foi embora desencorajado. Duas semanas depois, o funcionário ligou e disse que a papelada havia sido resolvida e estava pronta. O homem ficou animado, voltou ao departamento, viu o funcionário e lhe agradeceu. Ele disse: "Achei que havia dito que levaria cinco anos." O funcionário respondeu: "Deveria ter levado, mas desde que o conheci, não consigo tirá-lo da minha cabeça. Eu acordo pensando em você, janto pensando em você e vou dormir pensando em você. Estou cansado de pensar em você. Pegue a papelada e vá embora."

Quando Deus ordena alguém a ajudá-lo, essa pessoa não precisa gostar de você. Pare de ficar frustrado com quem não está a seu favor. Caso alguém deva estar a seu favor, então essa pessoa será boa contigo mesmo que não goste de você. Ela não pode evitar. Deus controla o Universo. Se Ele precisa que essa pessoa exerça um papel no que Ele já preparou para você, ela não terá escolha. A Bíblia diz: "Pois esse é o propósito do Senhor dos Exércitos; quem pode impedi-lo?" Isso está dizendo: "O que Deus já arrumou, quem pode impedir?" As pessoas não podem impedir. O azar não pode impedir. A injustiça não pode impedir. Já está preparado. Você está onde deveria estar.

> *As pessoas não podem impedir. O azar não pode impedir. A injustiça não pode impedir.*

Continue honrando a Deus e o que Ele já preparou o encontrará. Você não precisará ir atrás. Virá até você.

Quando precisávamos de terra para construir um novo santuário, duas vezes as propriedades que tanto queríamos foram vendidas sem que nos avisassem. Eu estava decepcionado. Pensei *Deus, onde está o Senhor?* Não percebi que o Compaq Center já estava preparado para nós. Quando as coisas não funcionam do seu jeito, é porque Deus tem algo melhor. Não viva frustrado. As portas estão fechadas porque Deus está nos fazendo um favor. Seis meses depois, um amigo meu ligou de repente e disse: "Joel, vamos almoçar. Tenho uma ideia." Ele me contou que os Rockets estavam se mudando do Compaq Center e como seria uma ótima casa para Lakewood. De certa forma, eu não fui atrás do Compaq Center, o Compaq Center veio até mim. Deus usou meu amigo para me guiar até o que Ele já havia organizado. Ele era uma conexão divina, parte do plano que Deus já havia preparado.

É por isso que você não precisa viver preocupado. Você não precisa se perguntar como realizará o sonho, como conseguirá a sorte que precisa. Deus já sabe de tudo. Ele já alinhou as pessoas certas para atravessar o seu caminho, e o que Deus tem guardado é maior do que se pode imaginar. É algo mais recompensador e mais satisfatório. Em vez de andar por aí desencorajado por causa do que não funcionou, vire-se e diga: "Pai, agradeço ao Senhor pelas bênçãos que o Senhor já arrumou. Obrigado pela boa sorte, pela cura, pela promoção e pelas pessoas certas que o Senhor já ordenou para atravessar meu caminho." Quando você vive com fé, esperando a bondade de Deus, haverá momentos de graça que virão de repente. Você não conseguirá prever. Não havia sinais disso, mas, de repente, a papelada foi aceita. Repentinamente o Compaq Center apareceu. Repentinamente você conhece a pessoa certa. Essa foi uma das bênçãos que Deus já havia preparado.

Momentos do Destino

Em Marcos 11, Jesus estava no Monte das Oliveiras. Ele disse a dois de Seus discípulos que fossem a uma vila próxima e encontrariam um burrinho amarrado, o qual nunca havia sido montado. Jesus disse: "Desamarrem-no e tragam-no aqui. Se alguém lhes perguntar 'por que vocês estão fazendo isso?', digam-lhe 'O Senhor precisa dele e logo o devolverá'." Eles foram até a vila e encontraram o burrinho como Ele havia dito. Enquanto eles o desamarravam, alguém os parou e perguntou: "O que vocês estão fazendo? Esse animal não é de vocês." Eles disseram: "O Senhor precisa dele", e receberam a permissão para levá-lo. Jesus subiu no burrinho e o montou até Jerusalém, e quando as pessoas o viram chegando, puseram ramos de oliveira no chão e tiraram seus mantos. Conforme Ele passava, elas gritavam: "Hosana! Bendito é o que vem em nome do Senhor!" Isso foi tudo profetizado pelo profeta Zacarias, centenas de anos antes, que Jerusalém receberia seu rei montado em um burrinho que nunca havia sido montado.

Mas quando os discípulos foram pegar o burrinho naquele dia, não perceberam o significado do que estavam fazendo. Eles acharam que estavam apenas fazendo uma tarefa. Jesus precisava de um burrinho para montar, não é nada demais. Eles não sabiam que o burrinho que desamarravam estava realizando uma profecia bíblica. Parecia uma rotina para eles, mas não havia nada de comum naquele

> *Eles não sabiam que o burrinho que desamarravam estava realizando uma profecia bíblica.*

Isso Já Está Preparado

momento. Eles não podiam enxergar, mas isso era parte de um plano que o Criador do Universo já havia arranjado.

Assim como aconteceu com eles, há momentos nos quais estamos seguindo com o dia, com nossa rotina diária, almoçando com um velho amigo que ligou, nada demais. Não conseguimos ver, mas esses são momentos do destino. Deus está orquestrando o que Ele ordenou em sua vida. Assim como Zacarias profetizou que Jesus viria montado em um burrinho, a sua vida foi profetizada. Deus escreveu cada dia da sua vida em Seu livro. Você não está à mercê das pessoas, da sorte ou do "espero que eu tenha alguma boa sorte". Antes de ser formado no ventre de sua mãe, Deus o conhecia e planejou todos os seus dias. Ele tem esses momentos do destino nos quais fará acontecerem as coisas que você não pode realizar sozinho. Ele já preparou o burrinho. Ele já preparou a mesa. Ele já preparou as pessoas certas e a sorte que você precisa. Seus passos não estão apenas sendo divinamente orquestrados, mas Ele está orquestrando os passos das pessoas e as circunstâncias ao seu redor. Se Ele sabia onde estava aquele burrinho, se aquele animal foi colocado lá pelo Criador, o quanto Deus sabe sobre onde você está? O quanto Ele está alinhando tudo o que você precisa?

Aquele burrinho nunca havia sido montado. Foi guardado para realizar a profecia de Zacarias. Posso imaginar que quando o dono tentou montá-lo como fazia com outros animais, ele subiu pela metade e foi sacudido para longe. Ele pensou *vou te mostrar*, e chamou quatro ou cinco homens fortes para segurarem o burrinho, mas quando tentou subir, era como se o burrinho tivesse uma força sobrenatural; ele o sacudiu para fora de novo. Finalmente, pensou: *Deixarei esse burrinho em paz. Há algo de errado com ele.* Mas não havia nada de errado. Aquele burrinho havia sido marcado pelo destino.

Uma coisa que isso mostra é que o que Deus ordenou para você não irá para mais ninguém. Não se preocupe com alguém recebendo a sua promoção, seu contrato ou sua bênção. Se é seu, aquele burrinho vai sacudi-lo para longe. O que Deus profetizou para a sua vida não pode ser tomado por outras pessoas. Agora pare de ficar frustrado porque alguém recebeu o que você queria. Se fosse seu, isso não teria acontecido. Fique feliz por essa pessoa, sabendo que Deus tem algo melhor para você. Quando tentamos comprar aquela propriedade para um novo santuário, o burrinho nos sacudiu para fora duas vezes. Mesmo que eu tivesse feito o meu melhor para que as coisas acontecessem, não pude sobrescrever o que Deus havia ordenado. Assim como Deus abre portas que ninguém pode fechar, Deus fecha portas que ninguém pode abrir. Não perca a sua paz porque algo o sacudiu para fora. Seja sábio o suficiente para perceber que Deus não queria que você tivesse esse algo. Se alguma coisa tiver que ser sua, pode ter a certeza de que ninguém mais conseguirá.

> *Assim como Deus abre portas que ninguém pode fechar, Deus fecha portas que ninguém pode abrir.*

As Pessoas Certas nos Lugares Certos

Quando o profeta Samuel foi à casa de Jessé para ungir um de seus filhos como o próximo rei de Israel, sete dos filhos estavam na casa. Jessé não se importou em trazer seu filho mais novo,

Davi, que ainda estava nos campos dos pastores. Ele pensou: *Davi não serve para ser rei. Ele é muito novo, muito pequeno e não tem talento ou experiência.* As pessoas o julgarão pelo exterior. Elas tentarão ignorá-lo, mas não sabem o que Deus colocou em você. Elas não podem ver as suas sementes de grandiosidade. Elas não profetizaram a sua vida. Não o escolheram antes de ser formado no ventre da sua mãe. Não sabem o que Deus já tem preparado para você. Deus ama acolher as pessoas que os outros desacreditam e ignoram, dizendo: "Não poderia ser ele. Não serve para ser rei. Fez muitos erros. Veio da família erra-da." Esse é o tipo de pessoa que Deus escolhe destacar em suas respectivas vidas.

Samuel chamou cada um dos filhos de Jessé para se aproximar um a um, e posso imaginá-lo tentando derramar o óleo para ungi-los, virando a garrafa, mas o óleo não saía. Quando Samuel foi ao sétimo filho, posso vê-lo batendo no fundo da garrafa, mas o óleo desafiava a gravidade porque não foi ordenado para ir a nenhum daqueles setes filhos. O óleo que pertence a você não irá para mais ninguém. Ninguém recebe a sua promoção. Ninguém tem o seu contrato, a sua namorada ou a sua casa. O óleo que pertence a você não pode ir para outras pessoas. Jessé finalmente trouxe Davi, o filho mais novo. Samuel foi ungi-lo e o óleo escorreu livre. Posso ver seu pai em pé com os olhos arregalados e boquiaberto, pensando *Davi? Nunca sonhei que seria ele.*

O que Deus já preparou para você deixará as pessoas tão desacreditadas quanto Jessé. Elas nunca sonharam que você poderia ser tão abençoado, tão bem-sucedido, tão saudável ou tão livre. Elas o viram apenas com todas as suas limitações, o que você não poderia fazer, o que você não tinha. Elas não perceberam que Deus já havia preparado bênçãos que o levariam ao próximo nível. A Bíblia diz: "Olho nenhum viu, ouvido nenhum ouviu, mente nenhuma imaginou o que Deus preparou para aqueles que o amam." Deus preparou algumas coisas que o deixarão maravilhado: a promoção inesperada, a graça imerecida, um aumento que levará sua família a um novo patamar.

> *Deus preparou algumas coisas que o deixarão maravilhado: a promoção inesperada, a graça imerecida, um aumento que levará sua família a um novo patamar.*

Se você já viu, ouviu ou imaginou, não é disso que estou falando. O que Deus preparou, o que Ele já orquestrou, é algo que você nunca viu.

Em 2007, recebemos uma ligação telefônica de uma moça que trabalhava para o New York Yankees. Não a conhecíamos, mas ela gostava de nossa igreja. Os Yankees estavam construindo um novo estádio de beisebol. Ela queria que fôssemos lá e realizássemos uma "Noite da Esperança" como o primeiro evento no novo estádio. Quando a equipe me contou, achei que estivessem brincando. "Você quer dizer que eles querem receber um pastor do Texas?" Eles poderiam ter uma grande banda de *rock and roll* ou alguma outra grande produção, mas ela nos queria. Essa moça estava no comando dos eventos especiais. Ela poderia ter gostado de nós, mas poderia estar trabalhando na contabilidade ou com a equipe de campo. Não há nada de errado com isso, mas ela não teria a autoridade para nos convidar. Então, em 2009, fizemos o primeiro evento não relacionado a beisebol no novo estádio dos Yankees.

O que quero dizer com isso? Que Deus tem as pessoas certas nos lugares certos para você. Não é preciso ter os favores de todo mundo, apenas da pessoa certa. Uma dúzia de pessoas pode não gostar de você, mas elas não podem pará-lo. Deus já preparou as pessoas certas que abrirão portas para a promoção, a oportunidade e a graça. Você dirá como eu disse: "Uau! Eu não esperava por isso. Não tinha as conexões, o talento ou

> *Não é preciso ter os favores de todo mundo, apenas da pessoa certa.*

a experiência." Essa é uma daquelas bênçãos preparadas que você nunca viu, ouviu ou imaginou.

Não Deixe que o Convençam a Desistir

Às vezes, há uma bênção já preparada, mas as pessoas tentarão convencê-lo a desistir. As pessoas dirão todos os motivos pelos quais isso não acontecerá. O problema é que Deus não colocou o sonho nelas; Ele colocou o sonho em você. Elas não podem enxergar o que você enxerga. Não podem sentir o que você sente. Estão olhando de modo ordinário, de modo natural, mas Deus coloca coisas em seu espírito que são maiores do que você pode realizar por conta própria. Você pode não enxergar como vai dar certo, mas Deus não lhe teria dado o sonho, Ele não teria colocado a promessa em você, se já não tivesse preparado como isso acontecerá. Ele é um Deus sobrenatural. Ele sabe como fazer tudo acontecer. Ele tem o burrinho preparado. Ele tem os membros da equipe que gostam de você no lugar certo. Ele já tem a mesa preparada.

Quando eu estava crescendo, minha mãe sempre quis uma piscina em nosso quintal. Meu pai era muito generoso com minha mãe. Parecia que ele daria tudo a ela, menos uma piscina. Ele disse: "Dodie, não quero uma piscina. Requer muito dinheiro e muita manutenção. Já temos coisas demais para tomar conta." Ele deu todos esses bons motivos, mas minha mãe não prestou atenção. Ela deixou que isso entrasse por um ouvido e saísse pelo outro. Todo dia ela dizia: "Mal posso esperar até conseguirmos nossa piscina." Ela deixou todos os cinco filhos animados e dizendo: "Vamos ter uma piscina!" Nós até mesmo saímos e compramos algumas boias para meu irmão, Paul. Meu pai disse: "Dodie, você está desperdiçando seu tempo. Eu já decidi. Não teremos uma piscina."

Um dia, minha mãe estava no quintal com uma fita métrica. Meu pai saiu e perguntou: "Dodie, o que você está fazendo?" Ela disse: "Estou medindo onde colocaremos nossa piscina." Ela tentou vencê-lo pelo cansaço, mas ele não se abatia. Um ano mais tarde, depois de um culto durante nossa Conferência do Dia de Ação de Graças na igreja, um casal pediu para ver meus pais. Eles se apresentaram e o homem disse: "Meu trabalho é construir piscinas." Minha mãe deu um grande abraço nele e disse: "Estive esperando por você." Esse homem prosseguiu, dizendo: "Eu gostaria de construir uma piscina para vocês." Meu pai disse: "Isso é bem legal da sua parte. Você é muito gentil, mas realmente não podemos pagar por isso agora." O homem disse: "Como assim? Não quero que você pague. Farei o serviço de graça. Não quer que eu dê uma piscina a vocês?" Minha mãe lançou um olhar para meu pai que dizia: "Se você

Isso Já Está Preparado

disser não, irá para o céu hoje." Aquele homem construiu uma linda piscina em nosso quintal.

Aquela foi uma das bênçãos que Deus já havia arrumado. Meu pai não conseguia enxergar, mas Deus não a colocou em seu coração. Não deixe que as pessoas o convençam a desistir do que Deus colocou em você. Só porque elas não acreditam, não significa que não acontecerá. Deus já alinhou as pessoas certas para você, e se continuar honrando Ele e sendo o seu melhor, essas bênçãos o encontrarão. Não procure a bênção; procure Deus. Mantenha-o em primeiro lugar, e a bênção o buscará. Jesus diz: "Busquem, pois, em primeiro lugar o Reino de Deus e a sua justiça, e todas essas coisas lhes serão acrescentadas." Essas são as coisas que Deus já preparou. Ele não quer apenas atender às suas necessidades, mas quer lhe dar os desejos do seu coração. Ele quer que você aproveite a vida e seja capaz de abençoar a sua família e se divertirem juntos.

"Bem, Joel, é ótimo que sua mãe tenha conseguido a piscina dela, mas estou lutando contra o câncer." "Estou tendo dificuldades para enfrentar um vício." "Tenho um filho que saiu da linha." O mesmo Deus que tinha uma piscina já preparada para minha mãe, o mesmo Deus que tinha o Compaq Center já preparado para nós e o mesmo Deus que tinha um burrinho já preparado para levar Jesus até Jerusalém tem a cura já preparada para você. Ele tem a justiça, a liberdade e a descoberta fundamental. Mantenha-se em paz e se prepare. O que é seu já está em seu futuro.

A Resposta Já Está a Caminho

Na Bíblia, quando os irmãos de José estavam com inveja dele, o jogaram em um poço profundo e o deixariam lá para morrer. Mas então viram uma caravana de mercadores ismaelitas se aproximando. Eles mudaram de ideia e decidiram vender José como escravo aos mercadores. O interessante é que essa caravana estava viajando por meses a caminho de vender seus produtos no Egito. Antes de José ser jogado no poço, Deus já tinha a resposta a caminho. Antes de ele ter o problema, a solução já estava chegando. Deus disse no livro de Isaías: "Antes de clamarem, eu responderei."

> *"Antes de clamarem, eu responderei."*

Eu vi uma reportagem no noticiário sobre uma mãe que estava dirigindo o carro com seus dois filhos pequenos em uma ponte muito alta. Um caminhão de dezoito rodas perdeu o controle e começou um engavetamento, colidindo nos carros. O carro dessa mulher não foi apenas amassado, mas empurrado além da mureta de proteção, metade para fora da ponte. Agora o carro estava balançando na beirada, para frente e para trás. Quando a polícia chegou, o carro estava tão destroçado que não acharam que encontrariam ninguém vivo... Eles avisaram pelo rádio que tinha fatalidades, mas então ouviram algo vindo de dentro do carro, apenas um ruído baixo. De algum jeito, as pessoas ainda estavam vivas, mas o carro estava muito instável. Durante dez minutos, eles tentaram cortar o metal para retirá-los, mas tiveram que parar. Era muito arriscado. Sempre que o vento soprava, parecia que o carro cairia. Os oficiais sabiam que não tinham muito tempo, mas não sabiam o que fazer.

Então um homem em um uniforme da Marinha se aproximou caminhando. Ele disse: "Sou o chefe de uma equipe de engenharia da Marinha, e temos uma empilhadeira especial que pode se estender, se inclinar e girar em qualquer direção, e pode levantar 5 mil quilos." O oficial disse: "Você consegue trazê-la em quanto tempo?" e, enquanto os dois conversavam, ela chegou. Eles conseguiram alcançar o carro, pegá-lo e salvar as três vidas. Depois de resgatar as pessoas, o engenheiro da Marinha disse aos oficiais de polícia que mais cedo, naquele dia, eles haviam atrasado três horas. Eles já deveriam ter chegado ao seu destino, mas algo os fez se atrasar. Aconteceu de eles estarem passando quando todo o acidente se desenrolou. Quais são as chances desse equipamento único estar no lugar certo na hora certa? Isso não foi boa sorte. Não foi uma coincidência. Foi uma das bênçãos que Deus já havia preparado.

Deus sabe do que você precisa, quando precisa e como conseguirá isso para você. Deus já tem a resposta para o

> *Deus sabe do que você precisa, quando precisa e como conseguirá isso para você.*

problema com o qual você está preocupado a caminho. Em vez de se preocupar o dia inteiro, você precisa dizer: "Pai, obrigado pelo Senhor já ter preparado a descoberta fundamental, já ter arrumado a promoção." Tudo que você precisa para tornar o seu destino realidade já está alinhado. Pode não ter acontecido ainda, mas se manter a fé, o que Deus ordenou estará a caminho. Você está prestes a esbarrar em uma daquelas bênçãos já preparadas. Não será preciso ir atrás delas. Elas virão até você.

QUESTÕES PARA DISCUSSÃO EM GRUPO

Capítulo Um: Está Tudo Bem

1. Que diferença faz ter uma atitude de que "está tudo bem"?

_____

_____

_____

_____

2. Ao ver uma dificuldade surgindo, em vez de perder a paz e desmoronar com o desânimo, o que você deveria fazer?

_____

_____

_____

_____

3. Como Daniel representou o poder de que "está tudo bem" quando enfrentou a cova dos leões?

_____

_____

_____

_____

100 · Questões para Discussão em Grupo

Capítulo Dois: Proteja Sua Paz

1. Se você vai ficar em paz com pessoas imperfeitas, o que é preciso saber em relação a elas e como é preciso estar preparado para reagir?

_____

_____

_____

_____

_____

_____

2. Andar por aí ofendido e chateado é uma desonra a Deus em que sentido? Qual é o caminho para honrá-Lo e deixar para trás o que mantém você preso?

_____

_____

_____

_____

_____

_____

3. Em quais áreas você se encontra mais vulnerável para morder a isca do conflito? Quais verdades é preciso dizer a você mesmo para proteger sua paz?

_____

_____

_____

_____

_____

_____

Questões para Discussão em Grupo

Capítulo Três: O Guardião da Sua Alma

1. Todos nós temos dificuldades. Doença, oposição e traições podem acontecer, mas elas não precisam durar. Como é possível manter a porta fechada quando essas coisas batem à porta?

2. Quando você sente medo e pânico, do que é possível se lembrar para que se mantenha ancorado à paz?

3. Vivendo em um mundo que se parece com um oceano de negatividade ao nosso redor, quais passos você pode seguir para impedir que a água invada seu barco?

Questões para Discussão em Grupo

Capítulo Quatro: Em Paz Consigo Mesmo

1. Reflita sobre as bagagens pesadas que você sabe que carrega agora. Qual é o impacto que elas têm no seu dia a dia?

2. Como é receber a dádiva da justiça da mesma forma que uma criança recebe um presente?

3. Depois de cometer erros e se sentir derrotado, como você recupera a sua paixão, a sua paz? Qual verdade você contará a si mesmo para voltar ao jogo?

Questões para Discussão em Grupo

Capítulo Cinco: Deus Cuidará Disso

1. "Deus cuidará disso." Quando você enfrenta uma situação difícil, essa verdade sobre Deus está firmemente enraizada no seu coração? Qual mudança no seu pensamento o ajudará a melhorar nessa área e permanecer em paz?

   _____

   _____

   _____

   _____

   _____

   _____

2. Qual é o motivo que a Bíblia oferece para explicar como foi possível que Daniel saísse da cova dos leões sem um arranhão? Qual encorajamento isso proporciona à sua fé?

   _____

   _____

   _____

   _____

   _____

3. Quando Deus o guia em meio a dificuldades, como Ele usa isso para alimentar a sua fé ao enfrentar outros desafios?

   _____

   _____

   _____

   _____

104   *Questões para Discussão em Grupo*

Capítulo Seis: Isso Já Está Preparado

1. Todos nós enfrentamos situações nas quais não é possível enxergar como as coisas darão certo, como conseguiremos a sorte de que precisamos. Qual é essa situação na sua vida e qual verdade sobre Deus o impedirá de se sentir frustrado?

_____

_____

_____

_____

_____

_____

2. O burrinho que Jesus cavalgou nunca havia sido montado antes. Ele havia sido guardado para cumprir a profecia de Zacarias. O que isso lhe mostra em relação ao que Deus ordenou para sua vida?

_____

_____

_____

_____

3. Descreva um momento da sua vida no qual alguém tentou convencê-lo a não fazer algo que Deus havia colocado em seu coração. Você manteve a fé e seu objetivo foi realizado?

_____

_____

_____

_____

QUEREMOS OUVI-LO!

Toda semana eu termino nossa transmissão televisiva internacional dando ao público a oportunidade de fazer de Jesus o Senhor de suas vidas. Eu gostaria de lhe dar essa mesma oportunidade. Você está em paz com Deus? Há uma vazio no coração de cada pessoa que apenas Deus pode preencher. Não estou falando sobre se unir a uma igreja ou encontrar a religião. Estou falando sobre encontrar a vida, a paz e a felicidade. Você faria uma oração comigo hoje? Apenas diga: "Senhor Jesus, eu me arrependo dos meus pecados. Peço ao Senhor que entre em meu coração. Eu faço do Senhor meu Salvador."

Amigo, ao fazer essa simples oração, acredito que você "renasceu". Eu o encorajo a ir a uma boa igreja que se baseie na Bíblia e manter Deus em primeiro lugar na sua vida. Para conseguir informações gratuitas sobre como crescer na sua vida espiritual, por favor, sinta-se livre para entrar em contato conosco.

Victoria e eu o amamos e estaremos orando por você. Acreditamos no melhor de Deus para você e que seus sonhos irão se realizar. Adoraríamos saber de você!

Para entrar em contato, escreva para:

Joel and Victoria Osteen

P.O. Box 4271

Houston, TX 77210

Ou acesse o site www.joelosteen.com [conteúdo em inglês].

"Às vezes, quando enfrentamos desafios, não é porque fizemos algo de errado, mas porque estamos fazendo algo certo."

"Sua felicidade não é responsabilidade de outra pessoa.
Você é responsável por sua própria felicidade."

"Deus o colocará fora do alcance da oposição."

"Não se pode trazer as falhas de ontem para hoje e ter uma vida vitoriosa.
Deixe isso para trás."

"Coisas incríveis acontecem quando você mantém a fé e confia em Deus."

"Não é preciso ter os favores de todo mundo, apenas
da pessoa certa."

Projetos corporativos e edições personalizadas
dentro da sua estratégia de negócio. Já pensou nisso?

Coordenação de Eventos
Viviane Paiva
viviane@altabooks.com.br

Contato Comercial
vendas.corporativas@altabooks.com.br

A Alta Books tem criado experiências incríveis no meio corporativo. Com a crescente implementação da educação corporativa nas empresas, o livro entra como uma importante fonte de conhecimento. Com atendimento personalizado, conseguimos identificar as principais necessidades, e criar uma seleção de livros que podem ser utilizados de diversas maneiras, como por exemplo, para fortalecer relacionamento com suas equipes/ seus clientes. Você já utilizou o livro para alguma ação estratégica na sua empresa?

Entre em contato com nosso time para entender melhor as possibilidades de personalização e incentivo ao desenvolvimento pessoal e profissional.

PUBLIQUE SEU LIVRO

Publique seu livro com a Alta Books.
Para mais informações envie um e-mail para: autoria@altabooks.com.br

 /altabooks   /alta-books   /altabooks   /altabooks

CONHEÇA OUTROS LIVROS DA **ALTA BOOKS**

Todas as imagens são meramente ilustrativas.

Este livro foi impresso nas oficinas gráficas da Editora Vozes Ltda.,
Rua Frei Luís, 100 – Petrópolis, RJ.